KB271171

하나님의 은사와 부르심은 번복될 수 없습니다.

로마서 11장 29절 (우리말성경)

사랑하는 ______________ 에게

사울은
왜 그랬을까?

내 맘대로 되는 일이 하나도 없는 세상속에서

하나님의 부르심을 따라 살아가고 싶은 **청춘들의 인생질문**

이야기

프롤로그

"내일 이 시간쯤 내가 베냐민 땅에서 한 사람을 보낼 것이다.

그에게 기름 부어 내 백성 이스라엘의 지도자로 삼아라.

그는 내 백성들을 블레셋 사람들의 손에서 구해 낼 것이다.

내 백성들이 내게 부르짖는 소리를 듣고 내가 그들을 돌아본 것이다."

사무엘이 사울을 쳐다보자 여호와께서 그에게 말씀하셨습니다.

"내가 네게 말한 그 사람이 이 사람이다. 그가 내 백성을 다스릴 것이다."

(사무엘상 9장 15-17, 우리말성경)

가치없는 인생은 없다

요즘은 그런 뉴스 보도가 적지만 내가 수능을 볼 때만해도 수능 시험 결과가 발표되면 뉴스에 수능 만점자들이 나와 인터뷰를 하곤

했다. 수능을 어떻게 준비했는지 시험을 준비하며 겪는 어려움들은 어떻게 극복했는지 등 그간의 노력들을 담아내는 인터뷰의 헤드라인에는 늘 '공부가 제일 쉬웠어요. 교과서 위주로 공부했어요' 등 다른 수험생들을 허무하게 혹은 분노케 하는 문구들로 채워졌다. 나는 늘 그런 인터뷰를 보며 생각했다. '정말 공부가 쉬웠을까?'

물론 교육의 현장에서 사역을 하며 내가 깨닫게 된 것은 공부는 하나님의 선물, 은사라는 것이다. 똑같은 영어단어를 똑같은 시간에 공부해도 어떤 친구는 만점을 받고 어떤 친구의 점수는 반토막이 난다. 똑같은 교과서로 수학공식을 공부해도 점수는 100점부터 0점으로 각각 학생들은 자신의 은사(인정하기 싫겠지만 사실이 그렇다)에 따른 접수를 받는다. 이것을 단지 공부라는 영역에서만 생각하면 불쾌할 수 있다. 그러나 운동, 음악, 예술의 영역으로 펼쳐 생각해보면 공부가 은사라는 개념은 쉽게 이해가 된다. 아무리 노력해도 축구를 하면 똥발이 있다. 죽을만큼 노력해도 절대로 올라가지 못하는 음역대가 있다. 그러나 이와 같은 일들은 매우 자연스러운 일이다. 하나님께서는 우리 모두에게 하나님께서 결정하신 은사를 주셨기 때문이다.

▬

하나님의 은사와 부르심은 번복될 수 없습니다.
로마서 11장 29절 (우리말성경)

　　로마서 11장 29절에서 바울의 고백은 확고하다. '하나님의 은사와 부르심에는 후회가 없다' 이 말씀을 쉽게 풀어 말하면 '하나님의 은사와 부르심은 취소할 일이 없다'는 말이다. 왜냐하면 하나님은 취소할 일을 만드는 분이 아닌 전능하신 창조주 하나님이기 때문이다.

　　청소년들과 성경 수업을 할 때 간혹 듣는 질문은 왜 하나님께서는 인간을 포기하지 않으시는가에 대한 질문이다. 자신들의 관점으로는 인간처럼 악한 존재라면 깨끗하게 리셋하고 다시 창조할 것 같은데 하나님은 왜 그 일을 하시지 않는가에 대한 의문이다. 이에 대한 답은 단순하다. 연약한 우리의 관점과 수준으로 보면 인간은 버려야 할 형편없는 대상이지만 하나님의 전능한 관점으로 보면 버릴 것이 하나도 없는 존귀한 존재이다. 잊지말라. 그대는 가장 존귀한 존재이다.

　　그러나 우리는 죄로 인해 늘 이와 같은 하나님의 온전하심, 전능하심 그리고 공중의 나는 새를 돌보시며 우리의 머리털을 세시는 치밀한 섭리를 망각하고 살아간다. 그리고 그 망각으로 인해 우리는 늘 당황하며 살아간다. 인생을 살아가며 만나는 모든 고비마다 '내 마음대로 되는 일이 하나도 없구나'를 확인하며 살아간다. '내 마음대로 되는 인생'이 얼마나 위험한 인생인지 깊이 생각하지 못한체 자신의 생각과 계획, 판단대로 일이 되지 않는다며 불평과 불만 혹은 분노안에서 살아간다.

당황스러움의 연속

대학진학을 앞둔 수험생들에게 가장 간절한 기도는 원하는 대학에 진학이다. 시대가 아무리 변해도 수험생들이 겪는 인생의 희노애락은 변하지 않는다. 수험생들은 일분일초를 다투며 자신이 목표한 대학에 합격을 위해 모든 힘을 쏟아붓는다. 그리고 불안한 마음을 말씀과 기도로 이겨내기 위한 나름대로의 노력안에서 입시를 준비한다. 그러나 대학 입시를 이미 겪어본 사람들은 입시 결과는 내가 간절히 원한다고 얻을 수 있는 것이 아니라는 것을 알고 있다.

나는 수십년 청소년 사역을 하며 누구보다 간절히 기도하고 말씀으로 입시를 준비한 수많은 아이들을 봐왔다. 그러나 그들의 간절한 마음을 대학 입학처에서는 알아주지 않았다. 그저 그들이 준비한 학창시절의 노력과 시험의 결과로 입학의 여부를 판단할 뿐이다. 나는 믿음안에서 입시를 준비한 아름다운 청춘들의 삶이 아무런 가치가 없다고 말하는 것은 결코 아니다. 입시에 혹 실패했다 하더라도 인생에 가장 무기력감을 맛보는 고통의 세월을 하나님 앞에 정직하고 바르게 살아남기 위해 고분분투한 그들의 삶에는 아름다운 믿음의 열매들이 자라날 것 또한 믿는다. 그러나 그들이 하나님을 온전히 믿는다고 대학 합격이 불합격에서 합격으로 바뀌지는 않는다는 것이다.

믿음에 대한 우리의 이해와 우리가 살아가는 현실은 뭔가 많이 어긋나 보인다. '믿음으로 구하면 다 얻을 줄 믿습니다.'라는 말을 고백하지만 정작 우리의 현실은 하나도 얻어지지 않는 당황스러운 일들의 연속이 되풀이된다. 믿음을 지키기 위한 나름대로의 노력으로 세상을 살아내려 하지만 정작 얻게 된 결과는 나의 생각과 계획과 전혀 다른 결과일 때 우리는 무기력이라는 덫에 사로잡힌다. 그리고 가랑비에 온 몸이 젖듯 차곡차곡 쌓인 무기력은 쉽게 빠져나올 수 없는 우울증으로 영혼을 사로잡아 모든 일에 스스로를 자책하며 감당할 수 없는 절망을 마주한다. 그리고 이내 세상은 내 맘 같지 않다는 것을 알게 되며 우리가 만나는 모든 인간 관계속에서도 내 맘대로 되는 일은 하나도 없다는 것을 깨닫게 된다. '정말 내 마음대로 되는 일이 하나도 없구나. 내 생각 이해하고 알아주는 사람은 없구나.'

빈틈이 많은 인생

　　　역사속에서 봉기하여 새롭게 세워진 나라들의 대부분은 각각의 멋스러움과 영웅적인 서사들이 기록되어 있다. 고구려의 멸망 이후 발해를 건국한 대조영, 부패한 고려의 마침표를 찍고 조선을 세운 태조 이성계 등 우리 나라의 역사를 봐도 건국의 역사는 한편의 역전 드라마, 영웅들의 서사이다. 그러나 이스라엘의 초대 왕 사울의 시작은 초라하다. 영웅적인 서사도 없다. 뭔가 설명할 수 없는 짠함과 당황스러움의 연속만 있을 뿐이다. 사무엘상 9장 3절 말씀은 이렇게 기록한다.

어느 날 사울의 아버지 기스는 자기가 기르던 나귀들을
잃어버리자 아들인 사울에게 말했습니다.
"종을 데리고 가서 나귀들을 찾아오너라."
사무엘상 9장 3절 (우리말성경)

사무엘상 9장은 하나님께서 사무엘을 통해 사울을 이스라엘의 왕으로 부르시기 위한 출발의 내용인데 사실 사무엘상 9장의 3절의 기록은 매우 어색한 문장과 표현이다. 왜냐하면 사울의 아버지 기스가 사울과 종에게 잃어버린 암나귀를 찾아오라고 명령하는데 잃어버린 암나귀를 찾는 일은 종이 할 일이지 유력한 집안의 아들 사울이 할 일이 아니기 때문이다. 암나귀를 어떤 이유로 잃어버렸는지 알 수 없지만 혹여나 사나운 들짐승이 물어갔다고 하면 유력한 기스 집안의 아들인 사울이 생명의 위협을 받을 수도 있는 일이기 때문에 아들에게 잃어버린 암나귀를 찾아오라는 아버지 기스의 명령은 매우 당황스러운 명령이다.

사울에게도 암나귀를 찾아오라는 아버지의 명령은 당황스럽다. 유령한 집안의 아들인 자신이 할 일도 아닌데 갑자기 종과 함께 잃어버린 암나귀를 찾아오라니 당황스러운 일이다. 그리고 더 당황스러운 일은 사울이 암나귀를 찾아 나선 이후에 일어난다. 사무엘상 9장 4절이다.

—

그래서 사울은 에브라임 산지와 살리사 땅을 두루 다니며
샅샅이 찾아 보았지만 나귀들을 찾을 수 없었습니다.
사알림 지역에 가 봐도 없었고 베냐민 지역에 가 봐도
나귀들은 보이지 않았습니다

사무엘상 9장 4절 (우리말성경)

　　　　사무엘상 9장 4절에 '두루 다녀보았으나'의 사전적 의미는 '~를 넘어가다'라는 의미로 풀어 설명하면 사울과 그의 종이 잃어버린 암나귀를 찾기 위해 온 땅을 종과 횡을 오고 갔다는 뜻이다. 말씀에는 기록되어 있지 않지만 찾아도 찾을 수 없는 암나귀로 인해 사울이 얼마나 아버지 기스를 원망했을까. 사울 자신이 굳이 하지 않아도 되는 일을 시킨것도 억울한데 밤새도록 찾아도 찾을 수 없는 당황스러운 현실앞에 사울의 마음 한켠에는 아버지를 향한 원망이 생겨났다. 그리고 아버지를 향한 사울의 원망하는 마음은 이내 두려운 마음으로 바뀌게 된다. 밤새도록 암나귀를 찾다보니 어느새 깊은 밤, 안전을 보장할 수 없는 곳으로 흘러들어 왔기 때문이다.

—

그들이 숩 지역에 들어섰을 때 사울이 함께 온 종에게 말했습니다.
"그만 돌아가자. 우리 아버지가 나귀보다 우리를 더 걱정하시겠다."

사무엘상 9장 5절 (우리말성경)

사울은 이제 잃어버린 암나귀를 찾는 것은 고사하고 자신의 안전도 보장하지 못하는 막막한 현실과 마주했다. 늦은밤 돌아다니다 들짐승을 만나게 된다면 꼼짝없이 짐승의 밥이 될 수 밖에 없기 때문이었다. 이에 사울은 암나귀를 찾는 것을 중단하고 다시 집으로 돌아가자 종에게 명령한다. 생각해보면 사울의 판단은 정확했다. 사울의 아버지 기스가 아무리 암나귀를 귀하게 여긴다 해도 어떻게 자식과 바꿀 수 있겠는가. 아마도 사울이 밤새도록 암나귀를 찾다 들짐승의 위험이 있어 다시 집으로 돌아왔다고 한다면 아버지 기스는 따뜻하게 맞아주며 잘했다고 했을 것이다. 이렇게 사울의 어려움, 당황스러운 하루는 지나가는 것처럼 보인다. 그런데 여기서 사울은 또 다른 당황스러움과 마주한다. 자신의 명령을 듣고 따라야 할 종, 사한이 자신의 명령을 거부하며 뜬금없는 제안을 했기 때문이다.

———

그러자 종이 대답했습니다.
"저, 이 성읍에 아주 존경받는 하나님의 사람이 있는데
그분이 말씀하시는 것은 무엇이든 이루어진다고 합니다.
그곳에 가 보시지요. 혹시 그분이 우리가 어떻게 해야 할지
가르쳐 주실지도 모릅니다."
사무엘상 9장 6절 (우리말성경)

종은 선택권이 없다. 주인이 말하면 들어야 한다. 아니 듣기만 해야 한다. 특히 지금 사울이 처한 상황처럼 주인의 목숨의 위협이 있는 순간에 종은 절대적으로 주인에게 복종해야 한다. 그런 상황속에서 종의 제안은 매우 당황스럽다. 갑자기 암나귀를 찾는데 도움을 줄 수 있는 존경받을만한 사람을 찾아가자니. 내가 만일 사울이였다면 큰 소리로 호통을 쳤을 것이다. '니가 뭘 알아! 주인이 지금 죽게 생겼는데 종이 되어가지고 쓸때 없는 소리 하고 있어. 하루 종일 온 땅을 다 돌아다녔는데도 못찾았는데 정신나간 소리하고있어.' 호통치고 더 어두워지기 전에 길을 제촉했을 것이다. 그러나 당황스럽게도 사울의 종은 물러설 기미를 보이지 않는다. 아니 오히려 사울을 몰아세우며 사울이 반드시 사람들의 존경받는 그 사람을 찾아가야 한다고 고집을 피운다.

사울이 겪은 오늘 하루가 참 고단하다. 어느하나 사울의 뜻대로 마음대로 되는 일이 하나도 없다. 자신이 해야 할 일도 아닌데 사울은 암나귀를 찾으러 떠밀리듯 집에서 나왔고 밤새도록 온 땅을 걸으며 암나귀를 찾았지만 찾지 못했고 이젠 자신의 노예, 종놈조차 자신의 말을 듣지 않고 엉뚱한 소리를 하고 있다. 그리고 가장 큰 당황스러운 것은 이 모든 문제가 왜 시작되었고 어떻게 해결해야하는지 원인과 이유를 사울은 알 수 없다는 것이다. 그저 사울이 할 수 있는 일은 처음 시작부터 늦은밤까지 닥쳐오는 수많은 일들을 받아들이는 것 뿐이다. 사울의 당황스러운 하루의 모습이 우리의 일상 같지 않은가? '마음대로 되는 일이 하나도 없구나.'

존귀한 지혜

인생을 살아가며 아무것도 할 수 없고 할 수 있는 일이 없다는 것을 아는 것은 복음 중에 복음, 지혜 중에 지혜이다. 죄로 타락한 우리의 본성은 우리는 무언가 능동적으로 할 수 있다고 생각하고 인생의 모든 성공과 실패는 결국 나의 결단과 열정에 달려있다 착각하지만 그것은 인생을 망가트리는 가장 미련한 착각이다. 우리는 할 수 있는 일이 없다. 그리고 사실 하고 싶은 일도 없다. 무언가 마음을 뜨겁게 하는 일을 만나 잠깐 뜨겁다가고 이내 차가운 냄비처럼 금방 식어버리는 것이 우리의 결단, 그리고 우리의 삶의 자화상이다. 한 여름밤에 꿈처럼 잠시 달아오른 열정은 이내 세상이라는 현실과 마주할 때 파도처럼 부서진다. 이와 같은 인생의 진리는 인간의 비참한 현실을 푸념하는 말이 아니다. 노력하고 살만큼 살아본 사람의 회고도 아니다. 하나님께서 창조하신 인간, 죄로 인한 타락의 결과이며 예수님의 말씀 그대로 포도나무를 떠난 가지가 당해야 할 마땅한 현실, 성경의 가르침이다.

예수님의 말씀처럼 나무 가지는 나무를 떠나서 할 수 있는 것은 없다. 바짝 말라 죽어 불구덩이에 던져진 존재가 될 뿐이다. 당연한 일이겠지만 청소년, 청년들 중 스스로 자생할 수 있다는 확신속에 살아가는 마른 가지들을 볼 때가 있다. 특별히 청소년들이 간절히 찾길 원하는 비전, 소명에 대한 부분이다. 많은 청소년들이 비전에 대해 어렵게 생각하고 접근한다. 어렵고 힘들게 생각하는 대부분의 이유는 비전을 직업과 연결해서 판단하고 생각하기 때문이다.

요즘도 그런 메시지들이 많이 있지만 내가 청소년 사역을 하던 초장기 그리고 청년시절에 듣던 비전의 메시지들은 이런 류들의 메시지였다. '내가 좋아하는 일을 통해 하나님께 영광을 돌리는 것이 비전이다. 내가 잘하고 내가 잘 할 수 있는 일이 하나님께서 내게 주신 비전이다.' 어릴적 내 마음을 설레이기 했던 메시지들이다. 그러나 내가 좋아하는 일이 하나님께서 내게 주신 비전이 아닐 가능성이 높다는 것을 시간이 지나면서 자연스럽게 깨닫게 되었다. 그렇다면 비전, 소명은 무엇인가? 하나님께서 우리 각자의 삶에 허락하시는 소명과 비전은 무엇인가? 그것은 하나님과의 올바른 관계, 예수님의 말씀으로 풀어 말하면 나무에 찰싹 붙어 있는 가지로 살아가는 것이다.

올바른 관계가 비전이다

—

나는 포도나무요, 너희는 가지다.
그가 내 안에 있고 내가 그 안에 있으면
그 사람은 많은 열매를 맺는다.
나를 떠나서는 너희가 아무것도 할 수 없다.
요한복음 15장 5절 (우리말성경)

예수님의 말씀은 간결하다. 예수님과의 올바른 관계가 없다면 우리는 아무것도 할 수 없다고 말씀하신다. 풀어 설명하면 예수님과의 올바른 관계가 아니라면 세상의 그 어떤 성공과 성취를 이룬다고 하여도 그것은 예수님과 전혀 상관없는 일이라고 선언이다. '내가 이 일을 통해서 하나님께 영광을 돌리려고 해요!' 라는 말에 예수님은 '응, 됐어. 필요없어. 안받아.'라고 말씀하신다. 예수님이 안받는 인생, 안받는 예배, 안받는 열매가 있다는 것이 놀랍지 않은가? 우리는 과정이야 어떻게 되었든 결과적으로 좋은 것을 하나님께 드리면 하나님께서 받으실 것이라 착각하지만 완전한 우리의 착각이다. 예수님의 말씀을 통해서 다시 확인하게 된다. 예수님과의 관계가 없으면 예수님은 그 어떤 것도 우리에게 받지를 않으신다.

그러므로 우리가 평생 가지고 살아가야 할 삶이 비전은 지업이 아닌 예수님과의 올바른 관계이다. 우리가 하는 공부와 대학, 취업 등은 하나님과 온전한 관계성을 유지하는 수단, 도구이지 그 자체가 목적이 될 수는 없다. 그러므로 사무직을 하면서도 소명자로 살 수 있다. 거리에서 붕어빵 장사를 해도 하나님과의 온전한 관계로 그 일을 한다면 그는 붕어빵 장사로 부르심을 받은 소명자이다. 공직에 나가거나 정치를 한다해도 그 일을 하는 기준과 목적, 원칙이 포도나무에 붙어 있는 가지로 감당하는 것이라면 그가 하는 모든 일들은 곧 소명이고 비전이고 하나님께서 맡겨주신 사명이다. 결국 우리가 하는 일은 수단이다. 무슨 일을 하든 주께 하듯 하는 것이 하나님께서 요구하시는 소명이며 그 소명을 이루는 삶은 어디에서나 하나님과 올바른 관계를 맺고 살아가는 나뭇가지와 같은 사람들이기 때문이다.

나는 청소년 사역자로 아이들이 내게 비전을 물을 때 마다 하는 말이 있다. '응, 너보다 하나님을 더 사랑하는 거, 그 누구보다 하나님 품에 먼저 안겨 살아가는 것, 하나님앞에 선착순이라는 말이 적절하지 않은 말이지만 내가 살아가는 삶의 자리에서 누구보다 하나님의 말씀과 뜻을 알아서 가장 먼저 하나님의 뜻에 선착순으로 살아가는 것' 이것이 나의 비전이라고 소개한다.

나는 교사로 아이들을 만나 가르치는 일을 하지만 교실에서 내게 주어진 교사라는 역할이 내겐 소명이 아니다. 하나님을 사랑하기에 다음 세대들에게 어떠한 방식으로든 주어진 자리와 환경에서 때를 얻든지 못얻든지 상관없이 해야 할 복음을 전하며 사는 것이 내게 주어진 사명이다. 그것을 위해서 나는 아이들을 위해 붕어빵을 팔 수도 있고 학원을 할 수 도 있고 봉사활동을 할 수도 있으며 때론 상담을 할 수도 있다. 세상은 비전과 소명을 직업으로 분류하지만 내게 비전과 소명은 내가 왜 그 일을 하는지에 대한 정당성이며 동시에 부르심이다. 그렇기에 나는 지금 교사로 일하고 있다. 그러나 나는 책을 쓰는 작가이기도 하다. 동시에 유튜브 채널을 운영하는 크리에이터이기도 하며 구제와 나눔을 위한 사단법인의 상임이사직도 겸하고 있다. 이 외에도 다양한 여러 일들을 하는 이유와 목적은 단순하다. 어떤 특정한 직업이 내 비전과 소명이 아니라 하나님을 사랑하고 그 사랑을 증명하기 위해 살아가는 삶, 하나님과의 올바른 관계성을 통해 그 행복한 삶을 유지하는 것이 곧 내 비전이고 소명이기 때문이다.

하나님을 사랑하면 하나님과 온전한 관계를 맺게 된다. 그리고 하나님을 사랑하기에 하나님을 위한 무언가를 하게 된다. 성경에 기록된 수많은 믿음의 사람들을 보라. 그들의 직업은 다 다르고 그들의 삶의 배경, 문화는 다 달랐지만 그들이 하나님을 사랑했을 때 한번도 계획하지 못한 그러나 가장 완벽한 하나님의 인도하심을 따라 살아간 존귀한 삶이 수두룩하게 기록되어 있다. 아브라함은 믿음의 조상이 뭔지도 모르고 갈대아 우르를 떠났다. 모세는 두려움 가득안고 애굽으로 들어가 홍해를 건넜다. 예수님의 제자들은 어부, 세리 등 자신의 직업을 뛰어넘는 세상을 향한 하나님 축복의 통로, 대안이 자신들이 될 것이라 생각하지 못했다. 그러나 성경에 기록된 모든 하나님의 사람들은 각자이 자리, 삶이 자리에서 신실하게 하나님을 신뢰하고 사랑함으로 결과적으로 하나님의 비전과 소명을 이루는 소명자, 비전의 삶을 살아갔다. 왜냐하면 그들은 하나님과 올바른 관계, 온전한 믿음의 관계로 연결된 인생, 포도나무에 붙어 있는 가지였기 때문이다.

의심의 원인

우리는 하나님께서 사무엘을 통해 사울을 이스라엘의 초대 왕으로 결정하시고 그를 하나님의 곁으로 인도하시기 위한 하나님의 섭리라는 것을 이미 알고 있다. 사울은 자신의 모든 일상이 당황스럽고 예측할 수 없었지만 암나귀를 찾아나서는 그 때부터 아니 우리가 알지 못하던 하나님 창조의 순간부터 하나님은 사울을 이스라엘의 초대 왕으로 세우시고 부르시며 인도하셨다. 그렇다면 사울은 자신의 인생을 향한 하나님의 섭리와 계획을 알았는가? 몰랐다. 아니 모른 정도가 아니라 부인했다. '내가 감히 왕이 될 수 있습니까!' 이것이 사무엘을 통해 이스라엘의 왕으로 부르시는 하나님을 향한 사울의 대답이었다.

사울이 대답했습니다. "저는 이스라엘 지파 가운데
가장 작은 베냐민 지파 사람이 아닙니까? 게다가 저희 가정은
베냐민 지파 가운데서도 가장 보잘것없는 가정이 아닙니까?
왜 제게 그런 말씀을 하십니까?"
사무엘상 9장 21절 (우리말성경)

　　　　사울은 아버지 기스의 명령을 따라 암나귀를 찾아나선 그 순간부터 아니 아주 오래전 사울이라는 존재를 하나님께서 창조하셨을 때 부터 이미 이스라엘의 왕으로 사울을 부르셨음을 알지 못했다. 위대한 하나님의 제사장 사무엘이 자신 앞에 하나님의 말씀을 대언하고 있음에도 불구하고 사울은 결코 그런 일은 일어날 수 없다 단언했다. 사울이 하나님과 온전한 관계를 맺고 있지 않았기 때문이다. 하나님은 우리 삶에 새 일을 행하신다. 그리고 나의 삶을 향한 하나님의 신실하신 계획, 일하심은 우리가 하나님과 올바른 관계를 맺고 살아갈 때에만 깨달을 수 있는 지혜이다.

신실한 부르심

　　사랑하는 청소년, 청년들아 우리 삶에 일어나는 모든 일들은 결코 내 마음, 계획과 같지 않다. '인생이 내 마음대로 되지 않는구나!' 날마다 탄식하며 당황 가운데 살아가는게 우리 인생이다. 때로는 사울처럼 암나귀를 찾아오는 것과 같은 일상의 일들을 통해 당황하고 밤새도록 노력해서 찾아봤지만 아무것도 찾을 수 없는 당혹감에 좌절하고 인간의 수많은 관계를 통해서 기대했던 만큼 받지 못한다는 상실감에 낙심한다. 그러나 사울 인생에 일어난 모든 일이 결국 하나님의 섭리와 인도하심 가운데 일어난 하나님의 서사, 사울을 왕으로 부르시는 하나님의 인도하심이라 믿는다면 생각해보라 세상에서 사울만큼 복된 인생이 또 어디있겠는가?

　　사울의 인생이 하나님의 손안에 있기에 결코 당황스러움에서 멈추지 않고 하나님의 은혜안으로 부르심을 받듯이 우리의 인생도 마찬가지이다. 우리가 살아가며 마주하는 거의 모든 일들은 우리의 예측과 기대를 벗어난 일들이고 죄로 인해 타락한 우리는 그 모든 삶의 고비들을 스스로 해결할 수 없는 연약한 존재이지만 우리의 인생의 방향이 하나님의 손안에 있다면 우리의 인생 또한 당황스러움에서만 멈춰서지 않을 것이다. 하나님께서는 우리 인생에 화창한 햇빛 때론 폭풍의 비를 쏟으시며 동시에 사랑의 두 손길로 우리 삶을 붙들어 오직 하나님만을 온전히 사랑하고 따르는 소명의 자리, 비전의 자리로 우리의 삶을 이끄시기 때문이다. 때론 하나님의 인도하심이 기쁜 일이 아니라 고통과 비참함 혹은 꼭 피하고 싶은 어떠한 일이라 하더라도 낙심할 수 없는 것은 우리 인생에 일어나는 모든 일들은 결국 하나님의 손을 통해 우리 삶에 찾아옴을 믿기 때문이다.

——

사람이 마음으로 자기 앞길을 계획한다 해도
그 걸음은 여호와께서 이끄신다.

잠언 16장 9절 (우리말성경)

존재 가치를 깨닫는 은혜

　　　무명의 자리에서 이스라엘 초대 왕으로 부르심을 받은 사울을 인도하셨다. 사울의 삶은 잠언 16장 9절의 말씀이다. 사울은 자신의 앞길을 알지 못하지만 그로 인해 날마다 당황스러운 삶을 살아갈 수 밖에 없는 존재이지만 하나님은 사울의 발걸음을 인도하고 왕으로 기름부음하기 위해 사무엘 앞으로 인도하셨다.

　　　사울의 삶에 섭리하시고 개입하셔서 사울의 일상을 통해 하나님의 뜻안으로 인도하신 하나님은 오늘도 우리 삶에 동일하게 개입하시고 섭리하신다. 우리가 겪는 모든 일들의 시작과 과정 그 끝은 하나님의 손 안에 있으며 하나님께서는 우리에게 어떠한 결과를 원하시는 것이 아닌 하나님을 향한 신실한 신뢰, 믿음의 사랑을 요구하시며 하나님의 뜻안으로 우리를 초대하신다. 때론 하나님의 뜻이 우리의 생각과 계획, 판단과 다르다 하더라도 낙심할 수 없는 것은 우리의 원함대로 풀리는 인생은 결국 저주이며 하나님의 뜻안에 인도함을 받는 삶이 가장 복된 삶이라는 것을 우리가 믿음으로 고백하기 때문이다. 때론 연약함에 넘어져도 성령 하나님은 우리를 하나님이 기뻐하시는 자리로 탄식하시며 이끌어 가심을 믿기 때문이다.

나는 이와 같은 하나님의 부르심, 내 삶을 향한 신실한 일하심을 믿는가? 혹여나 이 믿음이 없다면 나는 반대로 질문하고 싶다. 여전히 뜻대로 되지 않는 세상, 당황스러운 일상의 연속, 내가 무언가 할 수 없는 수많은 현실의 일들 앞에 어떻게 살아갈 것인가? 수십번 생각해도 납득할 수 없는 삶의 무게를 어떻게 이해하고 해결해 나갈 것인가?

나는 '사울은 왜 그랬을까?'라는 질문을 통해 사울의 삶을 복기(復棋)하고 사울이 왜 그런 치명적인 실수와 죄악들로부터 자유할 수 없었는지 찾아보길 원한다. 사울이 이스라엘 왕으로 부르심을 받는 모든 과정에서 사울 자신이 계획과 뜻대로 이뤄진 것은 하나도 없는 것처럼 날마다 당황스러움의 연속에 허우적대는 우리 삶의 질문들을 사울의 실패를 통해 그 해답을 찾아보길 원한다.

매일 살아가는 현실이 당황스럽고 얽히고 설킨 삶으로 인해 좌절 그로 인한 우울감에 힘겨운 시간을 보내고 있는 청소년, 청년들에게 사울의 삶이 조금이나마 깨달음이 되고 새롭게 무언가에 다시 도전하는 마음이 생겨나기를 예수님의 이름으로 축복하며 이 메시지를 소개한다.

2024년 1월
새해가 되었지만 사울과 같이 여전히 날마다
당황스러움을 마주하는 어느 날에
유찬호 목사

정돈하심

—

그러고 나서 사무엘은 기름병을 가져다가 사울의 머리에 붓고 입을 맞추며 말했습니다. "여호와께서 당신에게 기름 부어 그 유업을 다스릴 지도자로 삼으셨소. 당신이 오늘 나를 떠나가다가 베냐민 경계에 있는 셀사에 이르면 라헬의 무덤 가까이에서 두 사람을 만나게 될 것이오. 그들은 당신에게 '당신이 찾아 나선 나귀들을 찾았기 때문에 당신 아버지는 이제 나귀 걱정은 하지 않지만 그 대신 아들을 걱정하고 있습니다'라고 말할 것이오. 그러면 당신은 다볼에 있는 상수리나무에 이르기까지 계속 가시오. 거기서 하나님을 뵈려고 벧엘로 올라가는 세 사람을 만날 것이오. 한 사람은 염소 새끼 세 마리를 끌고 갈 것이고 또 한 사람은 빵 세 덩이를 가져가고 또 한 사람은 포도주 한 부대를 가져갈 것이오. 그들이 당신에게 인사하고 빵 두 덩이를 주면 당신은 그것을 받으시오. 그러고 나서 당신은 하나님의 산에 이를 것이오. 거기에는 블레셋 진영의 문이 있소. 당신이 그 성에 다다르면 산당에서 내려오는 예언자의 무리를 만나게 될 것인데 그들은 비파와 탬버린, 피리와 하프를 연주하며 예언도 할 것이오. 당신에게도 여호와의 영이 능력으로 임하실 것이며 당신도 그들과 함께 예언하게 될 것이오. 그러면 당신은 전혀 다른 새사람으로 변하게 될 것이오. 이런 일들이 이루어지면 당신은 하나님이 인도하시는 대로 따라 행하시오. 하나님이 당신과 함께하실 것이오.

(사무엘상 10장 1절-7절, 우리말성경)

만물의 원리

나는 학창시절 시험기간에 미련하게도 '시험을 더 잘 봐야지'라는 생각에 공부를 하지 않고 먼저 책상을 정리하고 방청소를 했던 기억이 있다. 공부해야 할 시간에 청소를 했으니 당연히 시험 성적이 좋을리가 없다. 공부가 아닌 방청소를 많은 에너지를 쏟은 날 이후에 본 시험은 늘 실망스러운 점수를 받게 되었다. 어느날은 갑자기 방의 구조를 바꾸고 싶은 마음이 들어 밤새도록 책상과 침대를 옮기고 온 방을 뒤집어 청소를 하기도 했다. 밤새도록 청소를 하고 다음날 학교에 가면 병든 닭마냥 꾸벅꾸벅 하루 종일 졸았던 기억도 있다. 돌이켜 생각해보면 시험공부를 해야 할 학생이 갑자기 방청소를 하거나, 잠을 자야 할 때 일어나 밤새도록 방의 구조를 바꾸는데 몰두했던 모습은 참 미련한 일이었다. 몸은 몸대로 상하고 정작 해야 할 일들은 하지 못한 미련한 선택이기 때문이다.

버스에 타면 뒷자리에 작은 쇠망치가 있다. 긴급한 일이 발생되었을 때 버스에서 탈출하기 위해 비치된 물품이다. 그리고 비치된 망치 옆에는 유리를 깨고 탈출할 때 정확히 어디 부분을 내리쳐야 하는지 메뉴얼이 부착되어 있다. '유리는 힘줘서 깨면 되는거 아냐? 무슨 유리를 깨는데 방법이 필요하지?'라고 생각할 수 있지만 착각이다. 왜냐하면 버스의 유리는 힘으로 깨는 것이 아니라 유리를 깨는 원리로 깨지기 때문이다. 정확한 타격 포인트를 내리칠 때 유리는 박살이 나고 안전하게 탈출할 수 있게 된다. 만일 위급한 상황에 이 매뉴얼을 무시하고 닥치는대로 유리를 내리친다고 생각해보자. 유리는 깨지지 않고 팔은 아프고 결국 위기의 순간을 벗어날 수 없게 된다.

예수님께서는 공생애를 시작하시기 위해 세례 요한에게 세례를 받으신 후 광야에서 40일 금식을 하며 사단에게 시험에 응하셨다. 사단이 예수님께 걸어온 시험은 돌을 떡으로 만들어 먹으라는 것, 높은 곳에서 뛰어내려 천사들의 보호를 받으라는 것, 사단에게 절하여 만국을 얻으라는 것이었는데 사단의 세가지 시험에는 공통점이 있다. 하나님께서 세우신 원칙과 원리를 무시하고 인간의 욕망과 필요에 따른 선택을 하라는 것이었다. 이것은 사단이 하나님께서 세우신 원칙과 원리를 무시하고 욕망을 자극하는 시험을 한 이유는 예수님께서 이 땅에 오신 목적, 십자가를 질 수 없게하기 위함이다. 돌을 떡으로 만들어 필요를 채우고, 높은 곳에서 뛰어내려 천사들의 보필을 받아 사람들의 환호를 받고, 천하 만물을 다 얻어도 십자가는 지지 말라는 사단의 교활한 계략이었다. 물론 예수님께서 사단의 계략에 넘어갈 일이 없지만 말이다.

순서를 바꾸는 일, 원칙과 원리를 무시하고 욕망을 따라 살아가게 하는 것은 사단의 가장 주요한 공격 무기이다. 사단은 우리에게 필요한 목적과 방향을 무시하지 않는다. 놀랍게도 사단은 우리가 원하는 소원을 인정하고 그것을 이뤄가라고 격려한다. 그러나 그 목적을 이루기 위한 수단, 순서는 상황에 따라 언제든지 선택적으로 바꿀 수 있다고 착각하게 만든다. '뭐로 가도 서울로만 가면되지. 과정이 무슨 큰 의미가 있겠나?' 마치 시험을 앞둔 학생이 책상 정리에 몰두한 것처럼, 등교를 앞둔 학생이 밤새도록 가구를 옮기며 방청소를 한 것처럼, 원하는 것 모두를 다 얻어도 십자가만은 지지 말라던 사단의 계략처럼 사단은 늘 우리 삶의 순서를 바꾼다. 원칙을 바꾼다. 원리를 무시한다. 과정은 생략한다. 그 유혹에 걸려드는 순간 결국 목적도 상실하게 되기 때문이다.

성경은 하나님을 질서의 하나님이라고 정의한다. 전능하신 하나님께서는 모든 일에 순서를 정하시고 하나님의 타이밍에 맞춰 하나님의 일을 완성해 나가신다. 인간이 하는 모든 선택은 실수와 실패 그리고 연약함을 덮기 위한 차선의 선택이지만 전능하신 하나님의 선택과 일하심은 완벽하고 온전하다. 하나님은 실수가 없으시며 하나님은 스스로 영광을 받으시며 하나님의 일을 완성하신다.

우리가 세상을 살아가며 낙심하지 말아야 하는 이유가 바로 이와 같은 하나님의 성품에 기인한다. 우리의 판단에 완벽하게 어긋난 타이밍이라 하더라도 우리 삶에 하나님이 허락하시지 않은 타이밍은 존재하지 않는다. 우리의 모든 삶은 하나님의 손 안에 있으며 오늘도 불완전한 우리의 삶을 가장 완전한 하나님의 뜻과 성품안으로 이끄시며 품으신다. 때론 하나님의 타이밍과 우리의 소원이 어긋나는 일이 있어 고통과 좌절 무기력에 낙심한다 하더라도 절망할 수 없는 이유는 질서의 하나님이 우리 삶 가운데 반드시 선하신 일들을 행하실 것이라는 믿음, 그리고 지금은 그 과정에 있다는 신뢰를 성령 하나님의 감동을 통해 날마다 우리에게 부어주시기 때문이다. 그 감동과 깨달음이 없다면 우리는 모든 일에 낙심할 수 밖에 없다. 좌절할 수 밖에 없다. 왜냐하면 앞서 나눴지만 세상은 결코 우리의 뜻, 나의 계산과 판단대로 이뤄지지 않기 때문이며 사단은 우리가 하나님의 뜻을 찾지 못하도록 늘 우리 삶의 우선순위와 질서, 원칙과 원리를 파괴하기 때문이다.

하나님도 원리

우리가 기억해야 할 중요한 사실은 만물을 창조하신 하나님께서도 하나님께서 세우신 원리와 원칙을 성실하게 준수하신다는 것이다. 그리고 우리에게도 하나님께서 세우신 인생의 원리, 원칙에 따라 순응하며 살아가기를 요구하신다는 것이다.

사무엘상 10장의 말씀은 하나님께서 사무엘을 통해 사울을 이스라엘의 초대 왕으로 기름부으시는 장면이 기록된 말씀으로 하나님께서는 이스라엘의 왕을 세워가실 때에도 하나님께서 세우신 원칙과 원리, 질서에 따라 사울을 왕으로 세워가셨음을 보게 된다. 왕으로 세워질 사울에게 기름을 붓는 행위를 뜻하는 히브리어 마샤흐(mashach)는 크게 네가지 의미로 이해할 수 있다. 첫째 사울에게 하나님은 왕의 권위를 위임하셨다는 의미, 둘째 비록 사울이 이스라엘의 왕으로 선택을 받았지만 그 왕을 결정하신 분은 하나님이라는 의미, 셋째 기름부음 받은 자의 삶에 임하시는 하나님의 전적인 축복을 의미하며 마지막으로 네번째는 비유적인 의미로 이스라엘에 세우신 하나님의 제사장, 예언자적 의미로 이해할 수 있다. 하나님께서는 사울에게 기름부음을 통해 사울이 하나님께서 권위와 축복, 예언자로 세우셨음을 확증하셨고 이 모든 일의 권한이 오직 하나님에게 있음을 나타내셨다. 이것은 사무엘과 이스라엘 백성들에게 매우 중요한 의식이었으며 동시에 사울에게도 매우 중요한 일종의 제사와 같았다. 사무엘과 이스라엘 백성들은 하나님께서 기름부으신 사울을 이스라엘의 왕으로 인정했으며 사울 또한 자신에게 부여된 놀랍고 위대한 소명을 확인하는 일들이 되었기 때문이다.

하나님께서는 사무엘을 통해 기름부음을 통해 이스라엘의 왕으로 선택된 사울에게 앞으로 세가지 징조가 나타날 것이라 예언하게 하셨다. 첫번째 징조는 사울이 그토록 찾아해매던 잃어버린 암나귀를 찾게 될 것이고, 두번째 징조는 다볼의 상수리나무에 이르면 하나님을 뵙기 위해 올라가는 세명의 사람을 만나게 될 것이고 세번째 징조는 주의 영이 사울에게 임하셔서 그동안 일어나지 않았던 놀라운 일들을 경험하게 될 것이라는 말씀이었다. 그리고 위와 같은 세가지 징조가 모두 사울에게 일어난 후 사울의 상태를 사무엘상 10장 9절 말씀은 이렇게 기록한다.

사울이 사무엘을 떠나려고 돌아서는데
하나님께서 사울에게 새 마음을 주셨습니다.
그리고 이 모든 표적들이 그날 다 이루어졌습니다.

사무엘상 10장 9절 (우리말성경)

　　　　쉽게 풀어 말하면 하나님께서 사울에게 말씀하신 세가지 징조를 모두 사울이 순종함으로 겪게 된 이후 하나님께서 사울에게 새 마음을 주셨다는 것이다. 새 마음에서 새로움을 의미하는 히브리어 아헤르의 의미는 '또 다른, 다른'이고 마음의 히브리어 의미는 '정신, 생각, 의지'라는 뜻이다. 그래서 말씀을 풀어 말하면 하나님께서 사울을 기름 부으시고 세가지 징조를 통해 사울은 순종하고 그 모든 징조를 겪은 이후 사울에게 새 마음 곧 이전과 다른 생각, 정신, 의지를 허락해주셨다는 뜻이다. 그리고 이 모든 과정을 거친 후에 우리가 아는 이스라엘의 초대 왕 사울이 이스라엘 역사 전면에 등장하게 된다.

결국 선하신 하나님의 뜻이 하나님의 치밀한 계획과 섭리 그 것을 온전히 따르고 순종하는 사람들을 통해 드러나게 하신 것이다. 우리는 성경을 통해 사울이 이스라엘의 왕으로 기름부으심을 받기까지 얼마나 많은 역사, 시간을 통과했는지 알고 있다. 아담과 하와의 타락이후 하나님께서는 수천년의 시간속에서 수많은 사람들의 삶을 통해 사울을 이스라엘의 왕으로 세워가셨다. 사울이 세워지기 까지 이스라엘의 비참한 역사를 사사기는 기록한다. 사사기가 기록되기 전 이스라엘의 출애굽 그리고 광야세월 가운데 하나님은 함께 하셨다. 모세 그리고 아브라함과 그의 자손에 이르기까지 하나님은 사울 한명을 왕으로 세우기 위해 수많은 역사와 시간을 관통하며 질서와 원리와 원칙 가운데 만물에 섭리하셨다. 그리고 그 섭리는 예수 그리스도와 그의 제자들 그리고 수많은 믿음의 사람들을 통해 오늘날 우리, 나에게까지 전해지고 이 복음은 또 다른 누군가에게 이 글을 통해서도 흘러가게 될 것이다. 오직 이 일은 하나님께서 세우신 원칙과 원리와 질서안에서만 이뤄지며 이 과정에 사단이 할 수 있는 것은 단 하나도 없다.

삶의 원리

마음대로 이뤄지지 않는 세상을 살아가면서도 우리가 낙심하지 않을 수 있는 유일한 이유가 바로 여기에 있다. 하나님은 모든 만물을 창조하시고 다스리시고 지금도 치밀하게 우리 삶에 개입하시며 섭리하신다. 하나님은 하나님께서 정하신 질서, 원리, 원칙에 따라 오늘도 우리 삶을 세밀하게 인도하신다. 다듬고 교정하시며 모든 순간에 사울이 세가지 징조에 순종했듯이 우리에게도 하나님의 타이밍, 원리와 원칙, 질서에 순응, 순종하기를 요구하신다. 왜냐하면 하나님께서 이끄시는 그 길, 원리와 원칙, 질서를 지키며 살아가는 것이 우리 삶의 목적이며 하나님의 섭리안에서 살아가는 길만이 마음대로 이뤄지지 않는 세상, 죄로 인해 결국 심판받아 영원한 죽음에 사로잡힐 우리가 평안과 안식과 사랑을 누리며 살아갈 유일한 길이기 때문이다.

그러므로 조급하지 말라. 현실이 꽤 우리를 버겁게 하는 것이 사실이지만 그렇다고 두 눈을 감아버리지 말라. 날마다 모든 순간에 개입하시고 섭리하시는 하나님을 향한 신뢰를 붙들고 오늘 나의 삶, 지금 내가 서 있는 자리가 하나님의 개입과 섭리의 과정과 결과라는 것을 믿음으로 가장 절망스러운 현실속에서도 가장 온전한 소망을 꿈꾸는 그리스도인의 삶을 살아가라. 왜냐하면 우리가 인지하지 못하고 있는 지금 이순간에도 나를 향한, 그대를 향한, 우리를 향한 하나님의 신실하신 개입과 섭리, 하나님의 질서와 타이밍, 일하심은 창조 이후 지금까지 단 한번도 멈춰선적이 없기 때문이다.

하나님의 성품

사울의 기름부음과 세가지 징조 그리고 새 마음을 주시는 이 모든 과정에서 이 모든 과정을 통해 하나님은 자신의 성품을 온전히 드러내셨다. 이스라엘의 왕이 어떻게 세워지게 되었는가? 이스라엘 백성들의 요구로 인함이다. 이스라엘 백성들은 세상의 다양한 나라들과 같이 하나님이 아닌 눈에 보이는 가시적인 인간적인 왕을 요구함으로써 결과적으로 이스라엘을 통치하는 하나님을 스스로 버리는 결과를 가져오게 되었다. 사울이 왕으로 세움을 받기 까지 하나님께서는 사무엘을 통해 이스라엘의 왕이 세워질 경우 불행한 수많은 일들이 일어날지 자세히 말씀해주셨지만 이스라엘 백성들은 하나님의 경고를 청종하지 않고 끊임없이 눈에 보이는 가시적인 왕을 요구했다.

그렇다면 생각해보자. 하나님께서 굳이 사울을 세워주실 필요가 있었을까? 우리 같으면 어떻게 반응했을까? 미련한 요구를 하는 이스라엘 백성들을 향해 '사사기와 같은 암흑이 400년 더 추가, 너희는 이제 다 죽었어' 힘으로 억압할 수 있는 모든 방법을 동원해서 이스라엘 백성들의 무릎을 꺾어버렸을 것이다. 그러나 하나님은 그 방법을 선택하지 않으셨다. 하나님은 사무엘을 통해 한없이 부족하고 연약한 사울을 선택하시고 그가 이스라엘의 왕으로 권위와 축복의 상징이 되도록 모든 절차와 과정을 통해 사울을 축복하셨다. 그리고 사무엘을 통해 나라의 근간인 법을 정돈하고 하나님께서 부여하신 말씀과 법에 따라 나라가 온전히 통치되도록 준비하셨다.

이스라엘 백성들의 악함에 분노하지 않으시고 하나님은 차근 차근 하나님의 타이밍과 질서에 따라 이스라엘 백성들의 삶을 인도하셨다. 그들이 요구한 왕을 중심으로 하나님의 뜻을 구하며 살아갈 수 있도록 하나님이 하실 수 있는 최선의 선택을 묵묵히 이스라엘 백성들에게 베풀어 주셨다. 사랑은 오래참고 성내지 아니하고 무례히 행하지 아니하며 모든 것을 참고 모든 것을 인내한다는 말씀처럼 하나님은 이스라엘 백성들에게 무한한 사랑과 인내와 오래참음으로 이스라엘 백성들을 사랑하셨다. 그리고 이스라엘 백성들의 미련한 선택이 하나님의 타이밍과 질서, 원리와 원칙에 따라 예수 그리스도에게까지 이어질 수 있도록 하나님은 그들의 삶 가운데 치밀하게 섭리하셨다. 그리고 오늘도 이와 같은 하나님의 성품, 신실하신 사랑은 우리 삶 가운데 동일하게 일하신다.

현재 나의 삶에 일어나는 모든 일은 하나님의 인도하심 가운데 나타나는 과정이며 오늘을 살아가는 우리의 현실은 하나님의 은혜이다. 그리고 이와 같은 하나님의 은혜는 철저히 하나님의 성품안에서 오래참음, 인내하심, 사랑하심 그리고 배려하고 안아주심을 통해 우리 삶 가운데 오늘도 일하고 계신다. 하나님의 사랑이 우리의 컨디션, 상태와 상관없이 우리이기에 실현되고 약속된다고 한다면 그 이외에 무엇이 더 필요한가? 지금도 내 삶 가운데 하나님의 열심이 일하고 계신데.

하나님은 원리와 원칙 질서에 따라 사울의 삶에 개입하셨듯 우리 삶에 개입하신다. 때론 하나님의 속도와 우리의 속도가 맞지 않아 '하나님이 일하시는거 맞아?'라는 푸념과 함께 주어진 상황에 짓눌려 있을 때에도 하나님의 일하심, 하나님의 속도는 하나님의 뜻과 계획에 따라 우리 삶에 일하신다. 하나님께서 우리 삶 가운데 일하시기에 우리 삶에 일어나는 모든 일은 그 가치가 있으며 그 목적하신 의미가 있다. 세상이 볼 때 가치없는 일, 무의미한 헌신과 인내 그것이 무엇이든 하나님의 목적안에서 우리가 행하는 모든 일은 버릴 것이 하나 없이 각각의 의미와 목적이 있다.

결국 믿음이란 무엇인가? 나의 속두에 하나님을 맞추는 것이 아니라 하나님의 일하심에 내 삶을 맞추는 것이다. 하나님의 이끄심에 내 발걸음을 맞추는 것이고 오래전 유명한 찬양 가사처럼 '말씀하시면 나아가고 주님 뜻이 아니면 멈춰서는' 적극적인 수동태로 하나님과 함께 살아가는 것이다. 하나님께서는 사울을 이스라엘의 왕으로 세워가시는 모든 과정에 사울이 순종할 수 있도록 이끄셨다. 이것은 사울이 왕으로 세워진 이후 어떻게 왕의 직분을 감당해야 하는지 경험케하는 일종의 훈련이었다. '너 절대로 네 생각 의지해서 앞서가지마. 모든 일에는 순서가 있어. 그 모든 일에 네가 할 일은 순종하는 일이야. 하나님의 뜻을 구하는 일이야.'

함께하심

—

몇몇 못된 사람들은
"저 사람이 어떻게 우리를 구원하겠느냐?" 하고
사울을 무시하며 아무 예물도 가져오지 않았습니다.
그러나 사울은 잠자코 있었습니다.

(사무엘상 10장 27, 우리말성경)

내버려두지 않는다

　　'사촌이 땅을 사면 배가 아프다' 참 고약한 인간의 심보를 다룬 속담이다. 겉으로는 온갖 폼은 다 잡고 살아가지만 정작 내가 아닌 누군가가 이익을 보는 것을 보면 하이에나처럼 달려들어 물어뜯는 것이 우리 모두의 자화상이다. 예수님의 가르침을 따라 왼뺨을 맞으면 오른뺨을 내어줄 넉넉한 믿음의 여유와 경륜안에서 살아가지 못하고 왼뺨을 맞기 전 상대의 양쪽 뺨을 후려쳐 제압해야 한다는 가치안에서 우리 모두가 살아간다.

사사기 수백년의 세월을 지나 암흑기를 마치고 사무엘을 지나 드디어 이스라엘 백성들이 그토록 원하던 이스라엘의 새로운 왕 사울의 역사의 전면에 등장했다. 비록 왕되신 하나님을 거부하고 이스라엘이 선택한 사울이었지만 이스라엘의 새로운 왕으로 사울이 등장하는 이 장면에서 적어도 모든 이스라엘 백성들은 자신들의 요구에 응답해주신 하나님께 감사하는 마음으로 사울을 환영한다. 그러나 모든 이스라엘 백성들이 사울을 환영했나? 그렇지는 않았다. 일부 무리는 노골적으로 사울을 조롱하고 비난하며 사울의 심기를 거스르는 일들을 하게 된다.

그런데 사울의 즉위에 대해 조롱하고 부정하는 무리들을 성경은 '불량배(개혁개정 : 못된 사람들)'라고 기록한다. 불량배라는 단어의 뜻은 '아무런 가치없이 개인과 공동체를 무차별적으로 파괴하며 욕설을 쏟아내는 사람들'이라는 의미이다. 백번 양보해서 사울의 즉위를 조롱하고 비난하는 무리가 제사장 혹은 선지자와 같이 하나님께서 세우신 권위를 갖추고 있는 사람들이었다면 그래도 들어줄 수 있겠지만 사울을 조롱하고 비난하는 자들은 불량배들이다. 그들은 어떤 가치와 기준 없이 무차별적으로 폭력을 행사하는 자들, 상종하면 안되는 자들이다.

이들의 요구가 정당한가? 이들의 조롱은 불편하다. 왜냐하면 불량배 그들의 인생이 조롱받아야 할 인생이기 때문이다.

특별히 사울을 향한 불량배들의 공격은 공적인 자리, 공적인 영역에서 일어난 사건으로 수많은 이스라엘 백성들이 이 불편한 장면을 모두 지켜보고 있는 자리이다. 생각해보라. 사울이 얼마나 큰 모멸감을 받았겠는가? 이스라엘의 초대 왕으로 이제 막 공적인 출발을 시작하며 수많은 사람들에게 환호를 받던 자리에서 사울은 원하지 않는 한사발의 오물을 뒤집어 쓴 꼴이 되고 말았다. 불량배들은 사람들의 환호를 멈추게 하고 하나님께서 세우신 사울을 조롱하고 거부하며 마땅히 드려야 할 제물까지도 드리지 않는 만행을 저질렀다.

만일 우리가 사울이었다면 우리는 어떤 처신을 했을까? 아마도 눈물을 쏟아내며 도망쳤거나 광분하며 왕의 권위로 불량배들의 목을 치거나 그들의 외침을 무시하고 빨리 즉위식을 마치고 그 자리를 떠났을 것이다. 그런데 사울의 태도를 성경은 단 한문장으로 정리한다. '사울은 잠잠했다.' 사울이 잠잠할 수 밖에 없었던 이유에 대해서는 뒤에서 나누기로 하고 나는 먼저 분노하는 마음으로 사울의 즉위식에서 일어난 이 현상에 대해 먼저 나누고 싶다.

사라지다

　　사무엘상 10장의 내용을 살펴보면 현재 사울 주변에는 사울의 즉위를 환영하는 사람들이 있다. 그들은 사울의 즉위를 환영하며 만세를 외치고 새로운 이스라엘의 왕 사울과 함께 연회를 준비하는 사람들이다. 또 한편의 무리는 앞서 살펴본 불량배들이다. 그들은 사울의 즉위에 반대하고 조롱하며 노골적으로 사울을 공격하는 사람들이다. 그리고 사무엘상 10장 25절 말씀을 통해 유추해 볼 수 있는 것은 제사장 사무엘은 사울의 즉위를 선포하고 왕의 권리와 의무, 이스라엘 백성들에게 전해야 할 메시지를 말하고 기록한 뒤 자신의 자리로 돌아간 것으로 보인다. 그렇다면 현재 이 상황은 크게 세부류의 사람들이 있다. 사울 그리고 사울을 지지하는 사람들, 사울을 반대하는 사람들이다.

　　우리는 앞서 하나님의 섭리와 질서에 따라 하나님께서 사울을 어떻게 왕으로 세워 기름부으셨는지 살펴보았다. 그리고 이 모든 과정은 하나님의 제사장 사무엘이 함께 하였고 이스라엘 백성들은 이 모든 것을 지켜보았다. 하나님께서는 사울을 왕으로 세우시며 징조를 보여주셨고 성령의 감동으로 사울에게 새 마음도 허락하셨다. 이로 인해 모든 이스라엘 백성들은 앞서 살펴봤듯이 '만세'를 외치며 이스라엘 초대 왕 사울의 즉위를 환영했다.

　　　그래서 질문이다. 불량배들이 일어나 사울을 향해 집단 린치를 가할 때 사울에게 환영하며 만세를 외치던 사람들은 도대체 어디로 간 것인가? 갑자기 그들의 모습, 그들의 말, 그들의 행동은 성경에서 감쪽같이 사라졌다.

—

사울도 기브아에 있는 자기 집으로 돌아왔습니다.
하나님께서 마음을 감동시키신 용사들은 그와 동행했지만
사무엘상 10장 26절 (우리말성경)

　　　사무엘상 10장 26절에 보면 사울과 함께 있던 자들을 성경은 '유력한 자들'이라고 기록한다. 유력한 자들이란 쉽게 풀어 말하면 하나님의 감동으로 사울과 함께 동행하는 사람들이라고 표현할 수 있겠다. 그들은 각자 나름대로의 권위가 있는 자들로 성령의 감동을 받아 사울과 동행하기로 결정하여 그 자리에 있던 사람들이라는 뜻이다. 그런데 도대체 그 성령에 감동받아 사울과 동행하기로 결정했던 그 사람들은 다 어디로 갔는가? 사울이 불량배들에게 집단 린치를 당하며 수모를 당할 때 어느 누구 하나 나서서 '왜 하나님께서 세우신 우리의 왕 사울을 조롱하는가?' 거룩한 분노로 불량배들을 대적하는 사람들이 단 한명도 없는가? 사실 우리는 그 이유를 서글프게도 알고 있다. 지금 사울을 공격하고 조롱하는 사람들이 불량배들, 가치없는 삶을 살아가며 무자비하게 개인과 공동체를 파괴하는 사람들이었기 때

문이다. 성령에 감동을 받은 자들도 불량배들로 인한 두려움에 사로잡
히니 숨어버렸다. 하나님과 전혀 상관없는 두 그룹, 유력한 자들과 불
량배 사이에서 아무것도 할 수 없이 침묵할 수 밖에 없었던 사울의 모
습은 서글프다.

청소년 사역을 하며 늘 아이들에게 이 이야기를 들려주며 이
렇게 말한다. '너희가 사울의 친구가 되어주면 좋겠다. 너희가 사울과
같은 아이들에게 그늘이 되어 주면 좋겠다. 너희가 서로 서로 사울을
보듬어 주는 따뜻한 친구들이 되어주면 좋겠다.' 왜냐하면 학교뿐만
아니라 교회에서도 청소년 사이에서 폭력이 일어날 때 대부분 아이들은
자신도 동일한 피해를 겪게 될 것을 두려워하여 침묵하기 때문이다. 악
에게 지지말고 선으로 악을 이기라는 로마서 말씀을 기억하자. 불량배
들과 맞서 싸우라는 이야기는 아니다. 그러나 할 수 있는 모든 방법을
동원하여 적어도 불량배와 같은 자들에게 누군가 린치를 당하고 있을
때 그 어려움을 해소하려는 최소한의 노력, 양심, 태도는 그리스도인들
에게는 있어야 하지 않겠는가? 그런데 사울 주변에는 아무도 없었다.
그로인해 사울은 침묵했다. 아니 침묵할 수 밖에 없었다.

일어나라

사울이 침묵한 이유는 물론 불량배들의 무자비한 폭력과 성
령의 감동을 받은 자들의 침묵이 한 이유가 되었을 것이다. 그러나 또

다른 이유는 사울 자신이 왕으로 부르심을 받았지만 왕이 어떠한 책임
과 권한이 있으며 어떻게 왕의 역할을 수행해야 하는지에 대해 무지했
기 때문이다. 사실 그럴 수 밖에 없던 것이 사울 이전에 이스라엘에게
왕은 존재하지 않았기 때문이다.

바로 그때 들에서 소들을 몰고 돌아오던 사울이
그것을 보고 물었습니다. "백성들에게 무슨 일이 있습니까?
왜들 저렇게 큰 소리로 울고 있습니까?"
그러자 백성들은 야베스 사람들이 말한 것을
사울에게 말해 주었습니다.
사무엘상 11장 5절 (우리말성경)

이스라엘의 왕이 되었지만 어떻게 왕의 직분을 수행해야 하
는지 알지 못하던 사울은 왕이 된 이후에도 여전히 소를 몰고 있었다.
쉽게 풀어 말하면 농사짓고 있었다는 말이다. 농사를 짓고 소를 몰았
다는 말씀은 사울이 겸손해서가 아니다. 정말 사울은 왕이 해야 할 일,
역할, 책임, 권한에 대해 무지했다는 뜻이다. '어 내가 왕이구나. 그래 이
젠 뭐하지? 할게 없네. 일단 농사나 짓자.'

사람이 자신의 소명 그리고 소명을 성취하기 위한 방법을 모
르면 이와 같은 삶을 살아간다. 자신이 받은 축복의 이유와 본질을 모

르면 삶을 낭비하며 살아간다. 사울이 그랬다. 왕으로 부르심을 받았지만 왕이 무엇을 해야 할지 몰랐기에 사울은 왕이 되었지만 천민처럼, 농부로 살아갔다. 어찌보면 불량배와 침묵하는 사람들 사이에 사울 자신이 침묵할 수 밖에 없던 이유도 왕의 역할과 권한 그리고 위임받은 권위에 대해 사울이 무지했기 때문이다. 하나님께서 세우신 왕의 권위를 알았다면 불량배들의 목을 쳐야 했고 침묵하는 자들을 하나님의 말씀으로 치리해야 했지만 사울은 그 어느하나 제대로 하지 못했다. 왜? 왕이 뭘 하는 자리인지 몰랐기 때문이다. 그리고 하나님께서는 갈 길을 모르는 사울의 삶에 개입하시며 그가 이스라엘의 왕으로 각성할 수 있도록 사울을 몰아가신다.

암몬 사람 나하스가 올라와 야베스 길르앗에 진을 쳤습니다.
그러자 모든 야베스 사람들이 그에게 말했습니다.
"우리와 조약을 맺읍시다. 그러면 당신을 섬기겠습니다."
사무엘상 11장 1절 (우리말성경)

　　　암몬 사람 나하스가 이스라엘을 침략한다. 길르앗 야베스 사람들은 암몬 사람을 두려워한 나머지 야베스 사람들에게 복종을 선언하고 화친을 요구한다. 아마도 야베스 사람들은 자신들이 자세를 낮추면 전쟁의 어려움이 자신들을 지나갈 것이라 생각했던 것 같다. 그러나 그것은 착각이었다. 암몬 사람 나하스는 도저히 길르앗 야베스 사람들이 받아들일 수 없는 조건을 제시한다. 야베스의 모든 사람 오른쪽 눈을 뽑으라는 말이었다. 무슨 말인가? 협상은 없다는 뜻이다. 이로 인해 야베스 사람들은 일주일의 시간을 달라고 말하고 이스라엘 사람들에게 자신들이 처한 어려움에 대해 토로한다.

—

바로 그때 들에서 소들을 몰고 돌아오던 사울이
그것을 보고 물었습니다. "백성들에게 무슨 일이 있습니까?
왜들 저렇게 큰 소리로 울고 있습니까?"
그러자 백성들은 야베스 사람들이 말한 것을
사울에게 말해 주었습니다.
사무엘상 11장 5절 (우리말성경)

어디서 많이 보던 장면이다. 앞서 사울을 가운데 놓고 성령의 감동을 받은 사람들과 불량배들이 사울을 향해 린치를 가하던 장면과 유사하다. 단지 그 대상만 바뀌었을 뿐이다. 암몬 사람들은 불량배, 이스라엘 백성들은 성령의 감동을 받았다고 하는 자들, 그리고 야베스는 사울이다. 그런데 앞서 살펴본 말씀과 전혀 다른 반응을 사울이 보인다. 야베스 사람들의 소식을 듣고 사울은 거룩한 분노에 사로잡힌다.

그 즉시 사울은 온 이스라엘에게 선포한다. '당장 이 전쟁에 참여하라. 만일 이 전쟁에 참여하지 않는 이스라엘 백성들은 내가 토막

난 소처럼 잘라 죽음을 면하지 못할 것이다.' 갑자기 각성한 사울의 거
룩한 분노와 선포로 이스라엘 백성들은 전쟁에 참여하게 되고 물론
암몬 족속과의 전쟁은 이스라엘의 대승으로 끝나게 된다.

다음 날 새벽 사울은 백성들을 세 분대로 나눠
암몬 사람들의 진영으로 쳐들어가 해가 가장 뜨거워질 때까지
그들을 쳐서 죽였습니다. 살아남은 사람들은 모두 뿔뿔이 흩어져
그들 가운데 두 사람조차 함께 남은 일이 없었습니다.

사무엘상 11장 11절 (우리말성경)

그렇다면 우리는 냉정하게 이 전쟁을 분석할 필요가 있다. 도
대체 사울이 암몬 족속과의 전쟁에서 승리한 이유는 무엇인가? 사울
은 왕이 되었지만 여전히 농사를 지으며 소나 몰고 있었고 암몬 족속
의 잔혹함은 이스라엘 백성들이 두려워할만큼 거대했기에 분명 이스라
엘과 암몬 족속의 전력차이가 있었는데 왜 이스라엘과 사울은 이 전쟁
에서 한 명도 남겨두지 않은 대승을 거두게 된 것인가?

그 이유를 사울은 여호와께서 이스라엘과 함께 하셨기 때문
에 얻은 승리라고 고백한다. 왕이 된 이후에도 아무것도 할 수 없어 농
사지으며 소를 몰던 사울에게 하나님은 어떻게 왕이 되어야 하는지, 왕
은 무엇을 해야 하는지, 여호와 하나님 앞에 왕의 태도와 자세는 어떠

해야 하는지 암몬 족속과의 전쟁을 통해 거룩한 분노를 일으키시고 사울을 중심으로 승리의 전쟁이 될 수 있도록 세밀하게 개입하신 것이다.

그러나 사울이 말했습니다. "오늘은 어느 누구도 죽일 수 없소. 여호와께서 이스라엘을 구원해 주신 날이기 때문이오."
사무엘상 11장 13절 (우리말성경)

판이 뒤집히다

그때 백성들이 사무엘에게 말했습니다.
"'사울이 우리를 다스릴 수 있겠느냐?' 하고 물은 사람이 누구입니까? 그들을 데려와 주십시오. 우리가 죽이겠습니다."
사무엘상 11장 12절 (우리말성경)

하루 아침에 갑자기 판이 뒤집혔다. 사울을 향해 침묵하던 사람들, 사울을 향해 비난과 조롱을 쏟아내던 불량배들이 하나님이 함께하시는 사울을 중심으로 위대한 전쟁의 승리를 모두 목도했기 때문이다. 갑자기 사람들이 들고 일어나 외친다. '누가 사울이 왕이 아니라고 했어! 다 나와봐! 우리가 싹 죽여블랑께' 이 말을 들은 사무엘이 백성들을 향해 '자자 이러지 말고 우리 다시 길갈로 가서 사울을 우리의 왕으로 선포합시다!' 라며 백성들과 함께 길갈로 올라가 하나님께 화목제를 드리고 사울을 다시 왕으로 선언하는 일이 벌어진다. 하루 아침에 사울을 대하는 태도, 판이 뒤집힌 것이다.

한편의 역전 드라마와 같은 이 이야기속에서 가장 큰 은혜를 받은 사람은 누구일까? 사울이다. 아무런 계획도 없이 하나님의 선택에 의해 왕의 자리에 오른 사울, 그러나 왕이 된 이후에도 뭘 해야 할지 몰라 농사 지으며 소를 몰던 사울이다. 사무엘에게 기름부음을 받고 왕이 된 사울이 농사를 짓고 소를 몰 때 사람들은 사울을 향해 뭐라고 했을까? 성령의 감동으로 사울과 같이 하겠다고 약속한 사람들은 사울 곁을 지켰을까? 아니다. 그들은 모두 사울 곁을 떠났다. 그리고 사울은 왕이 된 이후에 철저히 홀로 남아 무엇을 어떻게 해야할지도 모른체 세월을 낭비하며 살았다. 그리고 끝이 언제일지 모르는 이 당황스러움의 연속은 사울의 삶을 사로잡고 있었다.

그러나 하나님께서 암몬 족속의 침략을 허용하시고 야베스 사람들의 눈물을 사울이 듣게 하시고 수많은 사람들이 야베스 사람들의 소식을 들었음에도 불구하고 침묵할 때 사울을 거룩한 분노로 각성시키셨다. 그리고 사울을 중심으로 전쟁을 시작하여 완벽한 대승을 이끌어내심으로 모든 이스라엘 백성들이 가지고 있던 의문 '저게 정말 왕인가?'을 한번에 뒤집어 사울을 하나님께서 세우신 왕, 하나님께서 함께 하시는 왕으로 증명해 보이셨다. 왕이 되었지만 무너진 자존감, 박살난 자존심 안에서 살아가던 사울이 자신의 삶에 일어난 기적과 같은 역전을 어떻게 받아들였을까? 모든 사람들의 눈총과 의심을 알면서도 말 한마디 할 수 없던 사울이었는데 어느날 눈을 떠보니 사람들의 인정과 협력, 축복과 소망의 기대를 한 몸에 받게 된 사울은 자신에게 일어나는 이 모든 일을 여호와의 함께하심으로 고백했다. '모든 것이 여호와가 우리와 함께 하심으로 얻게 된 선물이다.'

세상을 살아가며 우리에게 날마다 필요한 은혜가 바로 이것이다. 하나님의 치밀한 개입과 섭리, 갈 길을 모를 때 인도하시는 은혜, 강을 갈라 마른 땅을 걷게 하시는 은혜, 사단의 조롱과 비난을 단번에 제압하는 완벽한 승리의 은혜 그리고 모든 승리를 이룬 이후에도 오직 하나님께 영광과 승리의 이유를 고백하는 겸손함의 은혜, 이것이 사울에게 임한 놀라우신 하나님의 은혜였으며 버거운 오늘을 살아가는 우리에게도 동일하게 필요한 은혜일 것이다.

하나님은 사울의 위축된 마음에 주목하셨다. 하나님은 사울의 남모를 아픔과 눈물을 기억하셨다. 그리고 사울에게 새로운 마음, 성령의 은혜를 부어주셔서 위축된 사울을 깨우시고 그를 통해 일하시고 그를 통해 영광을 받으셨다. 사울 인생의 판을 뒤집으신 하나님은 오늘도 우리 삶에 동일하게 역사하신다. 하나님은 우리의 남모를 아픔과 슬픔을 기억하시고 위축되어 무너진 자존감, 자존심에 같이 아파하시며 아무것도 할 수 없는 우리에게 새 마음을 부어주사 우리가 전혀 꿈꾸지 못한 삶으로 인도하시고 우리의 삶을 통해 영광 받기를 원하신다. 그리고 이 이야기의 끝은 우리의 삶을 향해 동일하게 말씀한다. '네 삶의 판도 뒤집힐거야.'

적어도 오늘 이야기에 등장하는 사울은 멋지다. 그리고 부럽다. 참 좋겠다. 사울은.

응답하심

—

사울은 사무엘이 정해 준 대로 7일 동안 기다렸지만
사무엘은 길갈로 오지 않았습니다.
그러자 백성들이 흩어지기 시작했습니다.

(사무엘상 13장 8절, 우리말성경)

자기 마음대로

　　　사울이 왕의 자리에 오른지 2년만에 이스라엘 전역에 군대를
재편성한다.

—

사울은 이스라엘에서 3,000명의 남자를 뽑아서
2,000명은 자기와 함께 믹마스와 벧엘 산에 있게 하고
1,000명은 베냐민 땅 기브아에서 요나단과 함께 있게 하고
나머지 백성들은 자기 집으로 돌려보냈습니다.

사무엘상 13장 2절 (우리말성경)

보통 군대를 재편성하는 일은 크게 두가지 의미로 이해할 수 있다. 첫째는 외부 침략에 따른 전략적 재편이고 둘째는 평화의 때, 안정의 때에 군대의 인력을 통해 나라의 안정과 발전을 이루기 위한 재편성인데 사무엘상 13장 기록에 따르면 사울은 현재 이스라엘의 상태를 전쟁이 없는 평화의 시대, 나라의 안정과 발전을 준비해야 할 시기로 판단한 듯 하다. 사울은 자신을 호위하는 군대 이천명, 자신의 아들 요나단과 함께 할 군대 천명을 제외한 모든 이스라엘 병력을 집으로 돌려보냈다.

왕으로서 사울의 선택에는 문제가 없다. 사울이 판단하기에는 2년의 세월동안 평화의 때가 유지되고 이스라엘이 침략받을 위기가 보이지 않았기 때문이다. 그리고 모든 군대를 재편성하여 집으로 돌려보낼 때에도 최소한의 군대 3천명을 남겼기 때문에 사울의 선택에는 크게 문제가 없어 보인다. 그러나 하나님께서 세우신 왕, 하나님을 인생의 주인으로 삼고 살아가야 할 왕의 선택으로는 매우 어리석고 미련한 일이다. 왜? 사울은 이스라엘 군대를 재편성하는 일에 대해 하나님께 묻지 않았기 때문이다.

성경은 이스라엘의 모든 왕들이 하나님 앞에 실패한 왕이라고 기록한다. 사울을 시작으로 그 위대한 다윗 그리고 솔로몬과 분열된 각 나라의 왕들까지 모두 다 실패한 왕들로 기록한다. 이스라엘 왕들의 실패는 그들의 실력 때문이 아닌 영적 타락 때문이다. 정치, 군사,

경제 등 주변국들이 두려워할 만큼 위대한 업적을 쌓았어도 하나님 앞에 영적 타락한 왕은 하나님께 버림받을 수 밖에 없었기 때문이다. 이스라엘의 왕들은 하나님께 묻지 않았다. 하나님의 기름부으심을 받고 제사장들의 권면, 선지자들의 경고에도 그들은 결국 끝까지 하나님의 말씀을 듣지 않았다. 듣지 않았기에 순종하지 않았다. 그로 인해 망하는 인생이 된 것 뿐만 아니라 그들로 인해 이스라엘로 함께 무너지는 비극의 단초가 되었다.

이것은 우리 인생에도 그대로 적용된다. 어떤 인생이 성공한 인생, 하나님의 보호를 받는 인생인가? 하나님께 묻는 인생이다. 어떤 인생이 세상적인 화려한 업적을 이뤄도 결국 실패한 인생, 망하는 인생인가? 하나님께 묻지 않고 자기 마음대로, 자신의 뜻대로 살아가는 인생이다. 이것만큼 단순하지만 가장 고결한 지혜가 또 어디있는가? 하나님께 묻는 인생은 안전하다. 그러나 사울은 하나님께 묻지 않았다. 2년간의 세월동안 자신이 보고 듣고 느낀 것을 군대를 재편성하는 기준으로 삼았다. 사단이 이런 사울의 선택을 가만히 보고만 있을리 없다. 하나님은 교만에 사로잡힌 사울을 방치할 분이 아니시다.

사울의 예상과 계획에 없던 일이 발생된다. 자신의 아들 요나단이 게바에 있는 블레셋 수비대를 공격한 것이다. 국경 지역에서 수비대의 충돌은 늘상 반복되는 일이기에 요나단은 블레셋 수비대를 공격한 일을 별로 중요하게 여기지 않았을지 모른다. 그런데 블레셋 수비대

와의 충돌은 전혀 생각하지도 못한 이스라엘과 블레셋의 전면전으로
번져가기 시작했다.

요나단이 게바에 있는 블레셋 진영을 공격하자
블레셋 사람들이 그 소식을 들었습니다. 그때 사울이
온 나라에 나팔을 불고 말했습니다. "히브리 사람들아, 들으라."

사무엘상 13장 3절 (우리말성경)

블레셋 사람들은 이스라엘과 싸우기 위해 모였습니다.
전차가 3만 대, 기마병이 6,000명 그리고 군사는 해변의
모래알같이 셀 수도 없이 많았습니다.
그들은 벧아웬 동쪽 믹마스로 올라가 진을 쳤습니다.

사무엘상 13장 5절 (우리말성경)

국경 수비대의 충돌은 전면잔으로 전환되었다. 당황하는 요
나단과 이스라엘 백성들 그리고 사울과 다르게 블레셋은 마치 전쟁을
준비했던 것처럼 사무엘상 13장 5절 말씀에 따르면 모래알같이 이스
라엘을 쳐들어 왔다. 가장 당황스러운 사람은 사울이다. 지금 이스라
엘에서 일어나는 모든 일의 원인을 사울은 알지 못했기 때문이다. 생각

해보라. 만일 우리가 하나님을 주인으로 섬기는 이스라엘 백성이고 내가 하나님께서 세우신 왕이라고 한다면 왕으로서 우리가 이 전쟁 앞에 해야 할 일은 무엇인가? 하나님께 묻는 일이다. 하나님의 도우심을 구하는 일이다. 하나님의 은혜를 구하는 일이다. 비록 왜 이 전쟁이 시작되었는지 알 수 없지만 사울왕을 비롯한 모든 이스라엘 백성들이 해야할 일은 주인되신 하나님, 처음과 나중 되시는 하나님, 말씀으로 만물을 창조하시고 다스리시는 하나님께 간구하며 모래알처럼 밀려오는 블레셋과의 전쟁을 준비해야한다. 그러나 사울은 여전히 하나님께 묻지 않았다. 죄로 인한 습관은 참 끈질기게 사울의 삶을 놔주지 않았다.

전쟁 앞에서 사울의 머리는 바쁘게 돌아간다. 그리고 그가 한 일은 뭔가? 하나님께 제사를 드리는 일이다. 그러나 또 사울이 예상하지 못한 일이 발생한다. 제사를 담당해야 할 제사장, 사무엘이 아무리 기다려도 오지 않는 것이다. 게다가 모래알과 같이 밀려오는 블레셋으로 인해 두려움에 사로잡힌 이스라엘 군대가 도망치기 시작했다. 앞으로도 가지 못하고 뒤로도 물러설 수 없는 진퇴양난(進退兩難)이다.

그래서 사울이 하나님께 묻지 않고 순종하지 않음으로 결정한 일은 무엇인가? 사무엘이 아닌 자신 스스로 제사를 드리고 빨리 전쟁을 시작하는 일이었다. 사울은 왜 자신이 직접 제사를 드리기로 결정했는가? 지금 자신이 처한 상황에서 자신이 할 수 있는 가장 합리적이고 적절해보이는 일 가장 합당해보이는 일이었기 때문이다. 사울에게 하나님은 안중에 없다. 사울이 판단할 때 옳고 그름, 할 수 있는 일과 할 수 없는 일을 계산하고 그 판단대로 밀고 나갈 뿐이다.

지금까지 진행된 이야기를 살펴보자. 사울이 하나님께 원망할 수 있겠는가? '하나님 왜 전쟁이 시작되었습니까? 하나님 왜 사무엘이 오지 않았습니까? 사무엘이 오지 않아서 제가 어쩔 수 없이 대신 제사를 치르게 되었잖아요.' 라고 말할 수 있겠는가? 사울은 하나님 앞에 단 한마디도 꺼내놓을 수 없다. 왜? 일어난 모든 일들이 이스라엘의 왕 사울이 하나님의 말씀을 청종하지 않고 스스로 하나님이 되어 스스로 결정한 결과 일어난 일이기 때문이다.

기다리라

하나님께서 사울을 왕으로 세우시며 사울에게 명령하신 것은 탁월한 정치, 통솔력으로 이스라엘을 잘 통치하라는 것이 아니었다. 사무엘상 10장 8절 말씀이다.

———

당신은 나보다 먼저 길갈로 내려가시오.
내가 당신에게 내려가 번제와 화목제를 드릴 것이니 내가 가서
당신이 무엇을 해야 할지 알려 줄 때까지 7일 동안 기다려 주시오."

사무엘상 10장 8절 (우리말성경)

하나님께서는 사울을 왕으로 세우시며 '기다리라' 고 말씀하셨다. 하나님께서 사울에게 말씀하시고 가르치실 때 까지 왕으로 사울이 해야 하는 일은 하나님의 뜻, 말씀을 기다리는 일이었다. 기다리라의 히브리 단어 야할(Yachal)의 의미를 풀어 말하면 '변하지 않는 태도'이다. 변하지 않는 태도라는 의미를 이사야 8장 17절 말씀을 통해 설명하면 우리가 기다릴 수 있는 이유, 기다려야 하는 이유는 하나님께서 반드시 우리에게 선하신 일을 행하시는 하나님이심을 믿기 때문에 기다릴 수 있다는 것이다. 이로 인해 기다린다의 히브리 단어 야할은 기다린다는 의미와 함께 소망, 희망이라는 의미로도 사용되는 것을 볼 수 있다.

여호와를 기다릴 것이다. 그분이 야곱의 집에
얼굴을 숨기고 계시지만 나는 그분을 기다리겠다.
이사야 8장 17절 (우리말성경)

그러므로 하나님께서 사울을 왕으로 세우시고 '기다리라'고 말씀하신 것은 단순히 사울의 인내심을 테스트하기 위함이 아니라 오롯이 하나님을 바라보는 온전한 믿음을 사울에게 요구하셨다는 뜻이다. 블레셋의 군대가 모래알처럼 밀려들어와도 지금 당장 제사를 드리지 못해 죽을 것 같은 상황에 몰린다 해도 선하신 하나님께서는 반드시 네게 옳은 일을 행하실 것이니 좌로 우로 흔들리지말고 오직 여호와 하나님을 바라보며 기다리라는 명령이자 약속의 말씀이다. 그러나 사울은 기다리지 않았다. 아니 기다리지 못했다. 사실 그 이유는 단순하다. 사울이 하나님께 소망을 두지 않았기 때문이다. '내가 왕의 직분을 잘해야지, 내가 감당할 일인데, 내가 책임져야 하는 일인데 …' 결국 사울이 소망을 둔 대상은 하나님이 아닌 자기 자신이었다. 그렇기에 군대를 재편할 때 하나님께 묻지 않았다. 블레셋이 모래알처럼 밀려들어와도 하나님께 묻지 않았다. 제사를 드려야 할 위급하고 긴급한 상황에서도 하나님께 묻지 않았다. 사울은 늘 철저히 자신의 생각, 판단, 계획을 따라 살아갔다. 그리고 그 결과를 우리는 사무엘상 13장을 통해 보게 된다.

기다림의 이유

사울이 하나님의 뜻을 기다려야 하는 이유는 단순하다. 사울이 전능하지 않기 때문이다. 사울이 무능하기 때문이다. 철저하게 미련하고 무능하고 가치없는 존재이기 때문이다. 죄는 무엇인가? 자신이 무능하고 가치없다는 것을 망각하는 것이다. 하나님 없이도 살 수 있고 숨쉴 수 있고 일할 수 있고 공부할 수 있다고 믿는 미련한 착각이 우리를 죽음으로 끌고가는 죄가 하는 일이다.

하나님께서는 진정 너희 머리카락까지도 다 세시는 분이다.
두려워하지 말라. 너희는 많은 참새들보다 더 귀하다.

누가복음 12장 7절 (우리말성경)

하나님의 뜻을 기다려야 하는 이유는 하나님이 전능한 창조주 하나님이기 때문이다. 예수님의 말씀처럼 인간이 계획할 수 없는 영역의 일들을 하나님은 주관하시고 섭리하시기 때문이며 모든 만물을 통치하시는 여호와 하나님께서 우리에게 두려워하지 말라고 명령, 말씀으로 약속하시기 때문이다.

그러나 세상에는 스스로의 머리털을 세려는 미련한 인생들이 있다. 아직도 자신을 참새보다 못한 존재로 여기며 무너진 자존감에 스스로의 목을 옥죄는 사람들이 있다. 우리 삶에도 이런 미련함들이 여전히 자리잡고 있지 않던가?

사람들이 주는 상처에 우리는 기다리지 못한다. 억울한 일, 원하지 않는 일을 당해도 우리는 기다리지 못한다. 내 계획과 판단과 조금만 길이 달라져도 우리는 원망하고 포기하고 때론 분노하며 미련한 사울같이 끊임없이 악수(惡手)를 둔다. 그로 인해 발생되는 모든 일에 짓눌려 살면서도 우리는 늘 기다리지 못한다. 기다리지 않는다. 왜? 인생의 소망을 하나님이 아닌 나의 선택, 나의 판단, 나의 계획에 두고 살아가는 죄의 본성, 버릇에 사로잡혀 있기 때문이다. 예수님의 말씀을 보라. 이 말씀처럼 확실하고 단순하며 가장 우리에게 필요한 말씀이 어디 있겠는가?

나는 너희를 고아처럼 내버려 두지 않고
너희에게 다시 오겠다.
요한복음 14장 18절 (우리말성경)

고난 가운데 우리가 해야 할 일은 기다리는 일이다. 답답한 진로, 막막한 현실속에서 하루를 살아내기 위해 고분분투하지만 결국 우리가 해야 할 일, 할 수 있는 일은 하나님의 은혜를 기다리는 것이다. 왜냐하면 하나님께서는 우리의 삶을 결코 어둠과 죽음과 고난과 저주의 수렁에 내버려 두시지 않기 때문이며 우리를 건져내기 위해 하늘 보좌를 버리고 십자가에 죽으시기까지 우리를 향한 사랑의 수준을 단 한번도 낮추시지 않은 우리의 하나님, 나의 하나님이기 때문이다.

온누리교회 하용조 목사님의 메시지가 기억난다. '하나님께서 우리 인생의 문을 닫으실 때가 있습니다. 그래서 앞으로도 뒤로도 갈 수 없어 주저앉아 절망하기도 합니다. 그러나 우리가 기억해야 할 하나님의 성품은 하나님께서 내 앞에 문을 닫으셨다는 것은 내 인생에 또 다른 문을 열어놓으셨다는 것을 의미합니다.' 청년 시절 나는 이 메시지를 통해 하나님의 온유한 성품을 깨닫게 되었다. 하나님은 우리 인생에 필요에 따라 내 앞에 문을 닫으신다. 그러나 하나님께서 내 앞에 문을 닫으셨다는 의미는 또 다른 문을 열어놓으셨다는 뜻이며 혹 모든 문이 닫혀 있다는 것은 하나님께서 특별하게 나를 보호하시고 다듬어가시는 시간이라는 것이다.

사울은 왜 기다리지 못했을까? 사울은 왜 하나님께 묻지 않았을까? 사울은 왜 한번의 실수를 두번, 세번 인생을 무너뜨리는 평생의 실수로 고집스럽게 끌고 갔을까? 하나님은 오늘도 닫힌 문 앞에서 사울과 같이 미련한 선택을 하고 기다리지 못한 결과로 인해 짓눌려 살아가는 우리에게 사울의 실수를 통해 '얘야, 제발 기다려라.'

사랑하심

—

요나단이 자기 무기를 들고 있는 부하 청년에게 말했습니다.

"이리 와서 저 할례 받지 않은 사람들의 부대로 가자.

여호와께서 도우시면 우리는 승리할 수 있다.

여호와의 구원은 사람의 많고 적은 것에 달려 있는 것이

아니기 때문이다."

(사무엘상 14장 6절, 우리말성경)

너희는 나를 버려도

사울은 기브아에서 그리 멀지 않은 미그론의 석류나무 아래
있었습니다.

———

그는 600명쯤 되는 사람들과 함께 있었는데
사무엘상 14장 2절 (우리말성경)

군대를 재편성하여 사울은 이천명, 사울의 아들 요나단은 천
명의 군사가 있었지만 모래알처럼 밀려드는 블레셋의 군대로 인해 남
은 군사는 약 육백명 가량 남게 되었다. 약 천사백명의 이스라엘 군대
는 블레셋이 두려워 도망치거나 전쟁 중에 죽게 되었고 사울의 아들
요나단은 블레셋의 공격에 밀려 기브아 변두리 미그론 지역까지 쫓기
는 신세가 되었다. 사실 애초부터 블레셋과 이스라엘의 전쟁에서 이스
라엘의 승산은 없었다. 이스라엘의 강성해짐을 경계한 블레셋이 철을
독점하고 있었기 때문에 이스라엘 군대에게는 변변한 무기, 군사력을
강화할 수 있는 자원 자체가 없었기 때문이다. 생각해보면 참 어이없
는 상황이다. 전쟁이 시작되었지만 이스라엘 군대에는 무기가 없다. 단
지 사울과 요나단에게 칼과 창과 같은 무기가 있었을 뿐이다.

그 당시 이스라엘 땅에서는 대장장이를 찾아볼 수 없었습니다.
히브리 사람들이 칼이나 창을 만드는 것을
블레셋 사람들이 허용하지 않았기 때문입니다.

사무엘상 13장 19절 (우리말성경)

그러므로 전쟁이 일어났을 때 사울과 요나단에게는
손에 칼이나 창이 있는 병사가 하나도 없었습니다.
오직 사울과 그 아들 요나단만이 칼과 창을 갖고 있었습니다.

사무엘상 13장 22절 (우리말성경)

　　　　계산할 수 없는 어려움을 당하면 모든 사람들은 자포자기, 절망하게 된다. 그리고 어려움의 원인을 찾아 원망한다. 지금 이스라엘과 사울, 요나단에게 가장 필요한 것은 원망이다. '이 전쟁이 왜 시작되었나?' 아마도 이런 푸념들이 나오지 않았을까? '사울이 그 때 군대를 재편성하지 않았더라면, 요나단이 국경 수비대와의 충돌을 피했더라면, 블레셋이 철을 독점할 때 다른 방법을 동원해 무기를 만들고 비축했더라면 …' 역사속에서 가정은 무의미한 것이지만 아쉬운 소리, 원망이 쏟아질 수 밖에 없는 상황이다. '도대체 왜 이런 일이 생긴거야? 누구 때문이지?'

요나단은 블레셋 군대에 밀려 변두리로 쫓겨 도망치고 있다. 이스라엘의 남은 군대는 약 육백명으로 모래알 같은 블레셋 군대를 상대할 수 없는 상황이며 남은 육백명의 군사들에게도 무기는 없다. 그런데 사울의 아들 요나단의 모습은 우리의 기대와 다른 모습이다. 요나단은 여전히 전쟁을 포기하지 않기 때문이다.

—

요나단이 자기 무기를 들고 있는 부하 청년에게 말했습니다.
"이리 와서 저 할례 받지 않은 사람들의 부대로 가자.
여호와께서 도우시면 우리는 승리할 수 있다. 여호와의 구원은
사람의 많고 적은 것에 달려 있는 것이 아니기 때문이다."

사무엘상 14장 6절 (우리말성경)

요나단의 고백을 보라. 요나단은 하나님을 의지하고 하나님께서 자신들에게 승리를 가져다 주실것이라 고백하지만 그 앞서 이런 단어를 사용한다. '아마' 단어 의미 그대로 이해해보면 아마도 요나단 자신도 현재 자신이 처한 상황이 결코 희망적인 상황이 아니라는 것을 받아들인 것 같다. 아마도 사울왕의 아들로서 나름대로의 책임감을 갖고 부정적인 말, 비관적인 말들을 하지 않는 것처럼 보이기도 한다. 무슨 말인가? 요나단도 두려웠다는 것이다. 요나단도 수많은 이스라엘 백성들, 사울왕과 같이 모래알과 같이 밀려오는 블레셋을 보고 두려워했다는 뜻이다. 요나단이 '아마 여호와께서 우리를 위해 기적을 베푸

실 것이다.'라고 얘기했을 때 과연 몇사람이나 요나단의 말에 호응했을까? 아마 모두가 속으로는 '헛소리하고 있네'라며 요나단을 조롱했을 것이다. 왜? 요나단과 이스라엘 백성들, 사울왕이 처한 현실에는 소망이 보이지 않았기 때문이다. 그러나 중요한 사실은 요나단은 '아마'라고 고백했지만 이 전쟁의 소망, 기적과 같은 일을 베풀어주시는 분이 여호와 하나님이 되어주시지 않을까라며 여호와 하나님께 소망을 두었다는 뜻이다. 비록 사람들이 요나단의 고백을 헛소리로 들어 조롱할지라도 요나단은 '아마 하나님은 그렇게 해주시지 않을까?' 라며 사람들의 생각과 말을 따르지 않고 보이는 현실에 포기하지 않고 하나님께 소망을 두었다. 그래서 요나단을 사로잡고 있던 두려움이 사라졌나? 아니다. 두려움은 고스란히 남아있다.

사람들의 착각은 하나님을 의지하면 두려움이 사라진다고 믿는 것이다. 아니다. 하나님을 의지하면 두려움이 괜찮아지는 것이지 두려움이 사라지는 것은 아니다. 하나님을 의지해도 우리는 일상을 살아가고 다양한 일들 속에서 고뇌하듯이 우리가 하나님을 의지한다고 우리의 모든 일상이 유토피아가 되는 것이 아닌 일어날 일들은 그대로 일어난다. 단 그 모든 일에 우리가 흔들리지 않을 뿐이다.

요나단도 마찬가지이다. '아마 여호와께서 ..' 고백했지만 두려움은 사라지지 않았다. 요나단과 함께 하는 군사들도 요나단의 말에 동의하지 않았다. 위축될 상황이고 입을 다물 수 밖에 없는 상황이다.

그러나 요나단은 거기서 그치지 않았다. 한 마디 더 꺼내놓는다. '만일 여호와께서 우리와 함께 하시면 블레셋 앞에 갔을 때 블레셋 군대가 우리를 성안으로 들어오라고 할 것이다.'라는 황당한 조건을 제시한다. 전쟁을 하는 와중에 적국을 성안으로 들여보내는 바보는 없다. 만일 블레셋이 위와 같이 어리석은 일을 하게 되면 요나단은 이 일을 하나님께서 이 전쟁에 개입하시는 사인으로 받아들이려 했던 것 같다. 아마 요나단도 많이 두려웠고 일어난 상황에 대한 답을 찾을 수 없던 것 같다. 이런 황당한 제안을 생각하다니. 그러나 요나단의 이 황당한 계획 아니 황당한 하나님을 향한 의지함이 그대로 실현된다. 요나단과 이스라엘 군대가 블레셋 성 앞에 갔을 때 블레셋 군대가 요나단의 군대를 성 안으로 들어오라고 했기 때문이다. 이 일을 겪은 요나단이 갑자기 눈이 번뜩인다. 긴가민가 하던 이스라엘 군대를 향해 요나단이 흥분된 목소리로 그러나 차분하게 말한다. '얘들아, 자 들어가자' 사무엘상 14장 12절이다.

부대에 있던 사람들이 요나단과 무기를 든 청년에게 소리 질렀습니다.
"이리 우리에게로 오라. 우리가 너희에게 보여 줄 것이 있다."
그러자 요나단이 무기를 든 청년에게 말했습니다.
"나를 따라 올라오너라.
여호와께서 저들을 이스라엘의 손에 넘겨주셨다."

사무엘상 14장 12절 (우리말성경)

성경에 기록되지 않았지만 요나단의 얼굴 표정을 상상해보라. 자신의 등 뒤에 있는 두려움에 사로잡힌 이제는 얼마남지 않은 이스라엘 군대를 향해 '야, 하나님이 이 일에 개입하셨다. 이제 저놈들은 끝났다. 어서 끝장내버리자.' 하나님의 응답에 흥분되어 혹 이 일이 잘못될까 조심하며 말을 전하는 요나단을 생각해보라. 설레이지 않는가?

전쟁의 판이 뒤집혔다. 요나단의 기습에 하나님은 함께 하심으로 블레셋은 두려워하여 혼비백산 박살나는 일이 벌어졌다. 그리고 두려워 떨며 도망치고 죽어나가는 블레셋의 군대를 보며 요나단의 두려움은 기대와 소망으로 그리고 확신으로 변하게 되었다. 어떤 확신인가? 아마도 그것은 여호와께서 우리와 함께 하시면 기적은 우리의 일상이 된다는 확신이다.

두려움이라는 질병

청소년 사역을 하며 늘 받는 질문은 진로, 비전에 관한 일이다. 하나님과의 깊은 관계성이 없는 아이들은 대부분 비전, 진로를 확신으로부터 출발해야 한다고 생각한다. 그러나 세상 어떤 사람도 정확한 계획과 실행을 바탕으로 비전과 진로를 결정하는 사람은 없다. 원천적으로 그것은 불가능하다. 잠언 말씀에 따르면 사람이 비록 그 길을 계획할지라도 그 길을 인도하시는 분은 여호와 하나님이시기 때문이다. 비전과 진로에 대해 고민하며 '내가 무엇을 해야 할지 모르겠어요.'라고 하는 아이들에게 나는 늘 이렇게 말한다. '아무것도 안하면 아무일도 일어나지 않는다.'

아브라함에게 하나님은 떠나라 말씀하셨다. 그러나 어디로 가라고 말씀하시 않으셨다. 생각해보면 참 황당한 일이다. 가라고 하셨는데 어디로 가라고는 하지 않으셨다. 하나님께서는 단지 지금 네가 살아가고 있는 그 땅을 떠나라. 벗어나라 명령하셨다. 생각해보라. 안두려웠겠는가? 당장 자신의 가족들에게 하나님의 부르심을 설명할 때 아브라함 자신도 이해가 되었겠는가? '사라, 하나님께서 내게 이 곳을 떠나라고 말씀하셨어.' '그래요, 그럼 어디로 갈까요?' '어디? 그건 나도 몰라.' 아브라함의 아내 사라가 뭐라고 했겠는가? 냉수 먹고 정신차리라 했을 것이다.

우리는 하나님께 무언가 답을 구할 때 늘 두려움을 제거해달라고 기도한다. '하나님 제가 갈 길을 알려주시면 열심히 해서 가겠습니다. 하나님 이 문제를 해결해주시면 제가 한번 해보겠습니다.' 그러나 하나님은 늘 정반대로 말씀하신다. '떠나면 알게 될거야. 맞서면 이기게 될거야.' 아이러니하지 않은가? 그러나 이게 하나님께서 우리 삶을 다스리시는 하나의 방식, 원리이다. 하나님께서는 늘 우리의 두려움을 집중 공략하신다. 우리가 하나님을 경외하며 살아가는지 아니면 세상을 두려워하며 살아가는지 늘 우리의 가장 연약한 부분을 공격하신다.

왜냐하면 두려움에 사로잡힐 때 우리는 하나님의 신실하심, 일하심, 섭리하심, 사랑하심, 온유하심, 인도하심을 신뢰하지도 못하고 인지할 수도 없기 때문이다.

요나단은 두려웠다. 아마도 자신 주변에 있는 얼마남지 않은 군대를 보며 더 불안했을 것이다. 그래서 사울이 한 일은 숨는 일이었다. 이스라엘 군대가 한 일은 두려움에 도망치는 일이었다. 자신의 아버지 사울은 꿈쩍도 하지 않고 군대가 뿔뿔히 도망칠 때 요나단의 두려움은 더욱 커져갔다. 그러나 요나단은 그 두려움 가운데 머물러 있지는 않았다. 갑자기 사라져버린 사울처럼 책임을 피하지도 않았다. 요나단은 두려웠지만 그래서 '아마도 …' 라며 희망섞인 황당한 계략을 펼치기도 했지만 하나님은 그런 요나단의 겨자씨와 같은 믿음에 함께 하심으로 이스라엘과 블레셋 전쟁의 판을 바꾸시는 계기로 사용하셨다.

두려움은 마치 질병과 같다. 두려움에 사로잡히면 우리는 아무것도 하지 않고 모든 것을 포기하며 사울과 같이 숨어버린다. 책임을 회피하고 남탓을 하며 원망하는 자리에 머물게 된다. 하나님은 우리가 두려움이라는 질병에 잠식되는 것을 원하시지 않는다. 하나님께서는 두려움이라는 인간 본성, 죄로 인한 결과를 인정해주시며 이렇게 말씀하신다. '두려움은 당연한 일이야. 그런데 거기에만 머물러 있으면 안 돼. 하나님을 의지해서 하나님께 소망을 두자. 그러면 하나님께서 개입하신단다.'

2024년 한국 사회가 멸망의 길로 접어들었다고 말한다. 인구 절벽의 시대에서 시간이 지날수록 암울한 일들만 가득할 것이라 예측한다. 사실이다. 우리의 현실은 늘 암울하다. 과거에도 암울했고 오늘도 암울하며 아마 내일도 암울할 것이다. 그래서 많은 사람들이 두려워한다. 그 두려움을 이기기 위해 쾌락을 추구한다. 그러나 두려움은 사라지지 않는다. 죽는 그 순간까지 모든 인간은 두려움을 벗어날 수는 없을 것이다. 그러나 하나님을 향해 소망을 둔 사람들은 두려움에만 머물러 있지 않는다. 자신 스스로 확신이 없어도 모든 순간 하나님의 뜻을 구하며 한걸음 한걸음 두려움에서 평안함으로 좌절에서 승리의 자리로 발걸음을 옮긴다.

요나단의 위대한 승리 이야기 가운데 사울은 없다. 사울은 이 전쟁에서 사라졌다. 사울은 어디 있을까? 얼마 남지 않은 군대가 자신을 지키게 하고 블레셋의 눈을 피해 어딘가에서 숨어 두려움에 사로잡혀 있을 것이 뻔하다. 오늘 본문은 우리에게 질문한다. '두려움은 당연한 일이야. 누구도 피할 수 없는 일이야. 그래서 넌 어떻게 할건데, 사울이 될래? 아니면 요나단이 될래?'

사울은 무엇을 두려워했기에 숨어 있었을까? 사울을 왜 요나단과 같이 두려움 가운데에서 하나님을 찾고 그분의 도우심을 구하며 담대하게 주어진 현실을 뚫고 나갈 시도, 생각조차 하지 못했을까? 성경을 묵상하며 본문에 등장한 사람들의 얼굴을 상상하곤 하는데 적어도 이 본문에 등장한 요나단의 얼굴은 두려움에 찌들어 원망하고 도망치는 얼굴은 아니다. 블레셋이 두려워할만큼 요나단은 가장 최악의 상황에 최고의 순간을 보내고 있다. 부럽지 않은가?

이게 부럽지 않다면 그대는 도대체 무엇을 부러워하며 살아가는가? 부러워하지 않는 것은 혹 두려움의 사슬에 매여 있는 것은 아닌가? 그래서 두려움을 극복하는 것을 포기한 것은 아니고?

축복하심

—

요나단이 말했습니다.

"아버지께서 이 땅을 곤란에 빠뜨리셨구나. 이 꿀을 조금 먹고도
내 눈이 얼마나 밝아졌는지 좀 보아라. 만약 오늘 적들에게서
빼앗은 것을 조금이라도 먹었더라면 얼마나 좋았겠느냐?
블레셋 사람들을 더 많이 죽이지 않았겠느냐?"

(사무엘상 14장 29절-30절, 우리말성경)

하나님의 침묵

요나단의 승리를 보고도 사울은 여전히 두려움에 사로잡혀
있다. 사울은 요나단이 가져온 기적과 같은 전투의 승리가 하나님께서
자신에게 말씀하시는 사인이라 생각하지 못했다. 여전히 요나단의 승
리는 승리일 뿐 현실은 블레셋의 대군과 이스라엘이 대치하고 있기 때
문이다. 사무엘상 14장은 여전히 하나님을 신뢰하지 못하는 사울이 어
떻게 추락하는지 보여주는 말씀이다.

그날 이스라엘 사람들은 무척 피곤했습니다.
하지만 사울이 "저녁이 되기 전, 적들에게 원수를 갚기 전까지
먹을 것을 입에 대는 사람은 누구든지 저주를 받을 것이다" 하고
백성들에게 맹세시켰기 때문에 군인들은 아무것도 먹지 못했습니다.
사무엘상 14장 24절 (우리말성경)

요나단이 하나님을 신뢰함으로 가져온 전투의 승리가 사울에게 자극이 되었나보다. 사울은 제사장들과 의논하여 모든 이스라엘 백성이 율법을 온전히 지킬 수 있도록 반포하고 제단을 쌓아 하나님께 예배하며 다가올 블레셋과의 전투를 준비한다. 겉으로 볼 때 사울이 행한 모든 일들은 얼마나 귀한 일인가? 사울은 하나님을 조롱하는 이방 민족을 향해 사울은 하나님의 뜻을 구하고 삶을 구별하며 하나님의 도우심을 구했다. 그러나 중요한 사실은 사울의 이 모든 행위에 대해 하나님은 침묵하시고 아무런 응답도 하지 않으셨다는 것이다.

그러자 사울이 하나님께 물었습니다. "제가 블레셋 사람들을
쫓아가야 합니까? 이스라엘의 손에 그들을 넘겨주시겠습니까?"
그러나 그날 하나님께서는 사울에게 대답하지 않으셨습니다.
사무엘상 14장 37절 (우리말성경)

성경은 하나님께서 사울에게 왜 침묵하셨는지 그 이유가 기록되어 있지 않다. 그러나 우리는 앞서 살펴본 사울의 삶을 통해 하나님께서 왜 사울에게 침묵하셨는지를 알게 된다. 하나님은 사울에게 왜 침묵하셨나? 하나님은 블레셋과의 전투에서 간절히 하나님의 도우심을 구하는 사울에게 왜 침묵하셨나? 그 이유는 단순하다. 사울이 온전히 하나님을 신뢰함으로 하나님의 뜻을 구하고 삶을 구별하여 하나님의 도우심을 구한 것이 아니라 그동안 해오던 방식, 습관적인 종교적 행위로서 하나님께 구했기 때문이다.

사람의 마음을 우리는 볼 수 없기에 우리는 사울의 진심, 하나님을 향한 믿음을 알 수는 없다. 그러나 우리는 앞서 살펴봤듯이 요나단에게 신실하게 응답하신 하나님 그리고 요나단과 동일하게 혹은 더 구체적으로 하나님의 뜻과 도우심을 구하는 사울의 비교를 통해 요나단과 사울의 차이점이 보인다. 요나단이 블레셋과의 전투에서 승리한 이유는 무엇인가? 요나단이 두려움 속에서도 전적으로 하나님만을 의지했기 때문이다. 그러나 사울은 자신의 목적을 이루기 위한 수단으로 하나님을 이용하려 했다. 사울은 늘 그래왔듯이 전쟁에 앞서 제사장들과 의논하고 율법을 선포하고 제사를 통해 도우심을 구하는 행위, 종교적인 행위였을 뿐 하나님이 주목하시고 들어 응답하시는 오직 하나님을 신뢰하는 믿음의 태도는 없었다.

　　청소년 사역을 하며 아이들에게 늘 점검해야 한다고 말하는 부분이 바로 이 부분이다. 습관적으로 종교적인 형식으로 하나님을 예배하는 것, 기도하는 것, 사람은 형식에 속을 수 있지만 하나님은 겉포장이 그럴싸한 우리에게 결코 속지 않으신다는 것을 가장 중요하게 가르친다. 특별히 공부를 할 때 기도로 하나님의 지혜를 구하는 것, 식사를 할 때 주신 음식에 대해 하나님께 마음을 다해 감사하는 것 등 날마다 일상적으로 반복해서 하는 모든 일들을 습관적으로 형식으로 하나님을 대할 때 하나님은 우리의 모든 간구와 기도에 침묵하신다는 것을 가르친다.

　　사실 사울의 행위가 무슨 잘못이 있는가? 왕으로 요나단의 승리를 듣게 된 후 '아, 승리는 저렇게 하는거구나.' 라며 요나단의 승리 공식을 그대로 가져와 적용한 것이 아닌가? 요나단이 간절한 믿음으로 승리를 얻게 되었다면 사울이 행한 위와 같은 모든 일을 통해서도 하나님은 동일한 승리를 허락하시겠다고 생각하는 것이 어떻게 보면 당연한 일처럼 보이기도 한다. 그러나 이것은 사울의 완전한 착각이었다. 요나단의 승리 공식은 하나님을 의지하는 요나단의 태도가 아닌 하나님을 향한 전적 의존이었다. 쉽게 풀어 말하면 요나단이 승리한 이유는 과정, 방식이 아니라 하나님을 향한 간절함, 믿음의 본질이었다는 뜻이다.

진로를 준비하는 청소년, 취업을 준비하는 청년들과 대화를 하면 아이들이 농담처럼 하는 말이 있다. '기도로 열심히 준비했으니 하나님이 응답하실 줄 믿습니다.' 말은 그럴싸 하지만 그 안에 담긴 뜻은 대학을 붙여주시고 취업에 성공하게 하실것이라는 계산법이 담겨 있다. 그럴때 마다 아이들에게 전해주는 진심이 담긴 메시지는 기도는 내 뜻을 구하는 것이 아니라 모든 일에 하나님의 뜻을 구하고 받아들이며 순종하게 해달라는 것이라고 설명한다. 만일 대학이 떨어져도 떨어짐 가운데 하나님의 뜻이 있고 취업에 어려움이 있어도 그 어려움을 향한 하나님의 뜻이 있다는 것을 기억해야 한다고 말한다.

왜냐하면 자칫 목적에 눈이 멀어 하나님을 인생의 최종 목적이 아닌 수단처럼 사용할 경우 사울과 같은 비참한 결과, 하나님께서 침묵하시는 대상이 될 수 밖에 없기 때문이다. 그러나 여기서 가장 큰 문제는 사울은 하나님께서 자신에게 왜 침묵하시는지 그 이유를 알지 못했고 알려고 하지도 않았다는 것이다. 자신의 모든 간구에 하나님께서 침묵하시면 그 이유를 구하고 하나님의 도우심을 구하는 태도로 전환되어야 함이 옳은데 사울은 형식과 절차만 지키고 그 이후 하나님의 뜻을 구하는 일은 멈춰버렸다. 마치 일주일에 하루 주일 예배만 드리고 나머지 일주일의 삶은 하나님과 전혀 상관없이 살아가는 어떤 사람들처럼 말이다.

사울의 폭주

형식만 남은 껍데기 사울이 형식에 사로잡혀 폭주하기 시작했다. 이스라엘 백성들에게 선포된 금식 명령을 요나단이 듣지 못하고 꿀을 먹었는데 사울이 이것을 문제삼고 나선 것이다. 사울은 자신의 명령을 하나님의 뜻과 동일시하며 분노했다. 그리고 왕의 명령을 어긴 자신의 아들 요나단을 죽이라 명령한다.

하나님의 뜻과 마음을 떠나 종교적인 행위만 남은 인간이 얼마나 추악해질 수 있는지 보여주는 장면이다. 우리 사회에도 잘못된 신앙관, 종교적인 행위로서의 위선으로 자신의 고집을 하나님이 뜻과 동일하다고 여겨 사울과 같이 세상을 그리고 수많은 영혼들을 죽이는 사람들이 있다. 그들의 겉모습은 헌신되고 거룩하게 구별되어 보일지는 모르나 결국 하나님의 뜻을 떠나 자신의 고집대로 살아가는 사람들은 개인과 공동체, 사회를 고통스럽게 하는 사울과 같은 존재라는 것을 우리는 이미 알고 있다.

사울이 폭주하여 요나단을 죽이려 했지만 이미 요나단과 함께 하시는 하나님으로 인해 블레셋과의 전투에서 승리를 보게 된 이스라엘 백성들이 사울의 폭주, 폭거를 내버려두지 않았다. 이스라엘 백성들은 자신의 목숨을 걸고 하나님이 함께 하시는 요나단을 지키겠다며 사울에게 정면으로 대항한다. 형식적인 종교적 신념에 사로잡혀 요나단을 죽이겠다는 사울과 왕의 명령 곧 하나님의 명령을 거부하며 요나단을 살리겠다는 사람들의 대치하는 이 장면을 통해 우리는 하나님의 뜻이 어디에 있는가를 생각하게 하는 매우 이례적인 장면이다.

———

그러나 백성들이 사울에게 말했습니다.
"이스라엘에 이런 큰 승리를 가져다 준 요나단이 죽어야만 합니까?
절대로 안 됩니다. 여호와의 살아 계심으로 맹세합니다.
그의 머리털 하나라도 땅에 떨어져서는 안 됩니다.
그는 오늘 하나님과 함께 이 일을 해냈습니다."
이렇게 사람들이 요나단을 구해 내어 그는 죽지 않게 됐습니다.
사무엘상 14장 45절 (우리말성경)

경계하라

예배에는 형식과 절차가 있다. 시대가 변해가며 상황에 따라 조정되기도 하지만 우리가 드리는 예배의 형식과 절차는 하나님께서 성령의 감동으로 사람들을 통해 정해놓으신 하나님의 기준, 원칙안에서 드려진다. 하나님이 세우신 형식과 절차가 주는 은혜와 메시지, 감동이 있다. 예를 들어 오래전 예배당에서 울리던 예배의 시작을 알리는 종소리, 예배를 드리기 전 다 함께 드리는 사도신경 신앙고백 뿐만 아니라 예배당에 들어섰을 때 보이는 십자가 혹은 예배당 유리에 장식되어 있는 글라스 작품들 등 생각해보면 하나님을 향한 우리의 믿음은 하나님이 세우신 형식과 절차를 통해 드러난다. 그러므로 형식과 절차를 무시하고 진심의 마음만이 중요하다고 여기는 것은 바른 신앙이 아니며 하나님과 올바른 관계로 이어질 수 없다. 그러나 더 경계해야 하는 것은 마음이 떠난 형식과 절차이다. 겉모습만 남은 종교적 습관이다. 한 언론사에서 통계낸 자료가 눈에 들어왔다. 한국 교회 교인 출석률이 새해 신년 예배가 가장 높고 그 다음이 송구영신예배, 크리스마스 예배라고 한다. 왜 신년 예배에 가장 많은 사람들이 몰릴까? 송구영신 예배에 사람들은 왜 참여할까? 여러가지 의미로 해석할 수 있지만 나는 습관적 신앙관, 태도로 인한 모순이라 생각한다. 온전한 신앙생활이 아니라 한해를 시작하는 신년, 한해를 마무리 하는 연말에는 하나님을 예배해야 한다는 유교적 관습에 물든 바르지 못한 신앙관이 결과라고 생각한다.

하나님은 우리의 마음에 집중하신다. 하나님은 우리 안에 있는 더럽고 추악한 것들이 하나님 앞에 나아갈 때 전혀 걸림돌이 되지 않는다고 말씀하신다. 요나단은 두려웠지만 하나님을 의지함으로 하나님이 요나단 인생에 개입하셔서 일하심을 경험하였다. 하나님은 요나단에게 '왜 두려워했느냐!'라고 책망하지 않으시고 요나단의 연약함을 인정하시고 요나단 삶의 어려움을 해결하시며 요나단의 간절한 의존함에 값진 승리로 응답하셨다. 하나님께서는 요나단의 마음에 집중하시고 마음의 소원을 보셨기 때문이다.

그러나 사울은 겉은 그럴싸한 형식으로 갖춰졌지만 하나님께서 침묵하시는 불행한 삶이 되었다. 사울은 하나님께서 침묵하시는 이유에 대해 관심이 없었다. 왜? 사울에게 하나님은 자신의 목적을 위해 적절하게 사용할 수 있는 도구로 대했기 때문이다. 하나님은 존귀하신 분이다. 하나님은 전능하신 분이다. 하나님은 우리에게 하찮은 대접을 받는 것을 싫어하신다. 하나님은 우리에게 항상 최고의 경배를 받기를 원하시고 두려움 가운데에서 하나님을 바라보라 권면하시며 하나님의 은혜를 구하는 자들에게는 형식과 절차를 뛰어넘어서라도 은혜를 베푸시지만 형식과 절차만 남은 껍데기 삶에는 철저히 침묵하신다.

아마도 우리 모두는 하나님의 품에 안길 때 까지 하나님을 사랑하며 그리스도인으로 살아가기를 바랄 것이다. 어느날 갑자기 심경에 변화가 생겨 다른 종교에 심취하는 불행한 일은 우리 삶에 없을 것이라 생각한다. 그러나 믿음 생활이 평생 유지가 된다고 하더라도 믿음의 은혜가 없는 하나님께서 침묵하시는 대상이 된다면 얼마나 불행한 일인가? 기도해도 하나님의 응답이 없다. 고난 가운데 하나님은 침묵하신다. 무엇보다 삶의 모든 영역에서 하나님의 뜻을 구하지도 않고 하나님의 침묵에도 무감각해진다면 과연 우리가 평생 교회에 출석한다고 해서 그리스도인이라고 할 수 있겠는가?

사울은 왜 형식과 절차에 집중했을까? 사울은 왜 하나님의 마음이 아닌 자신이 해야 할 행동과 책임에만 몰두했을까? 왜 그 형식과 절차가 하나님의 뜻을 온전히 지키는 것이며 그로 인해 사울 자신은 도대체 무엇을 기대한 것 일까? 그것은 아마도 사울 내면에 있는 두려움이다. 답이 없는 현실속에서 사울이 가시적으로 보이게 할 수 있는 일은 형식과 절차를 지키는 것이다.

사실 사울과 같은 이런 치명적인 어리석음은 우리 모두에게 동일하게 존재한다. 고난 가운데 금식해야 할 것 같고 중요한 시험을 앞두고는 새벽 기도 나가야 할 것 같고 주일 예배를 드려야지 일주일의 삶이 평안할 것 같고 … 도대체 이런 형식과 절차에 끌려다니는 노예와 같은 마음은 어디서부터 왔을까? 하나님인가? 아니면 형식과 절차에 우리의 발목을 매어 결국 노예처럼 살아가게 하기 위한 사단이 전략인가?

겸손하심

사울은 왕위에 오른 후 사방의 적들과 싸웠습니다.

모압과 암몬 사람들과 에돔과 소바 왕들과 블레셋 사람들과

싸웠는데 그는 가는 곳마다 승리했습니다.

사울은 아말렉 사람들을 쳐부숨으로써 용맹을 떨쳤고,

이스라엘을 약탈자들의 손에서 구해 냈습니다.

(사무엘상 14장 47절-48절, 우리말성경)

저주의 승리

사울은 왕이 된 이후 하나님의 말씀에 늘 순종하지 않았다. 하나님께 전적 의존하지 않고 선택적으로 하나님을 자신의 목적을 이루기 위한 도구로 사용했을 뿐이다. 제사를 드리고 율법을 구별되어 지켰지만 그 모든 일은 자신의 목적을 이루기 위한 수단이었을 뿐 하나님을 향한 온전한 순종이 아니었다. 그로 인해 사울은 인생을 살아가며 다양한 어려움을 겪게 되고 이 모든 일들은 다 사울이 자초한 일이었다. 물론 사울은 자신의 삶에 일어난 모든 일들이 자신의 믿음 없음, 하나님께 순종하지 않음으로 인한 결과라는 것에 대해 관심이 없었지만 적어도 사울은 한결같이 하나님의 뜻을 구하지 않는 실패한 왕, 몰락해야 하는 왕으로 살아갔다.

그러나 성경을 보며 우리가 드는 의문점은 사울이 하나님께 불순종을 했음에도 불구하고 사울이 하는 여러 일마다 꽤 많은 형통함이 보인다는 것이다. 사울이 하나님께 불순종을 했다면 당장 사울의 목을 치셔서 왕의 자리에서 끌어내리시거나 사울이 하는 전쟁, 사울이 통치하는 나라를 뒤흔들어 놓으시는 것이 맞는 것 같은데 이상하리만큼 사울이 하는 일들은 순조로워보이고 특별히 사울이 전쟁을 할 때마다 사울은 대승리를 거두었다. 이와 같은 의미로 보면 사울은 형통한 삶이다. 그러나 나는 이것이 사울이 스스로의 인생을 파멸로 몰고 간 가장 치명적인 착각이라고 생각한다. 왜냐하면 이스라엘이 이방 민족과의 전쟁에서 사울 때문에 승리한 것이 아니기 때문이다.

형통이라는 단어 의미는 '하는 일이 다 잘되고 성공하는 것'이다. 적어도 사울의 표면적인 삶은 형통한 삶으로 보인다. 자신의 노력이 아닌 하나님의 선택과 부르심으로 하루 아침에 소를 몰던 사람이 이스라엘의 왕이 되었다. 하나님께서 주신 성령의 감동으로 거룩한 분노에 사로잡혀 이방 민족과의 전쟁에서 승승장구했다. 비록 요나단의 신실한 믿음으로 얻은 승리였지만 모래알같이 몰려든 블레셋을 수세에 몰아 넣는 위대한 전쟁, 전투의 승리를 이끈 이스라엘의 왕이었다.

그러나 반대로 생각해보면 사울이 얻은 이 모든 축복과 은혜, 형통은 곧 저주이다. 왜냐하면 이 모든 일에 사울이 한 일은 단 하나도 없기 때문이다. 사울이 한 일이 하나도 없지만 이 모든 일은 사울을 통해 일어났다. 아니 더 정확히 풀어 말하면 하나님께서 사울을 통해 일하신 결과이다. 그러나 사울은 이것을 자신의 것으로 착각했다. 자신의 능력과 잘남으로 얻은 결과라 확신했다.

하나님께서 주신 것을 하나님의 것으로 인정하고 받아들이면 그것은 형통이다. 복이다. 축복이며 우리 삶에 놀라운 지혜이다. 그러나 하나님이 주신 것을 자신의 것으로 알고 자신이 얻어낸 결과라고 생각하는 순간 그 축복은 하루 아침에 저주로 뒤바뀐다. 왜냐하면 하나님은 스스로 인생의 주인이 되어 살아가는 교만한 자들의 목을 꺾어 버리시기 때문이며 그 교만에 사로잡혀 살아가는 사람과 맞서 싸우시기 때문이다.

하나님께서는 더 큰 은혜를 주십니다.
그러므로 말씀하십니다. "하나님께서는 교만한 사람을
물리치시고 겸손한 사람에게 은혜를 주신다."

야고보서 4장 6절 (우리말성경)

사울왕 아니 정확히 이스라엘 백성들이 이방 민족과의 전쟁에서 승리한 이유는 무엇인가? 역대하 20장 15절 말씀을 통해 알게 된다. 그들이 승리한 이유, 유일한 방법은 하나님께서 이스라엘 백성들과 약속하시고 그들과 함께 하셨기 때문이다. 친히 그들이 왕이 되어 주셔서 그들을 위해 싸우시고 이스라엘의 삶에 치밀하게 개입 하셨기 때문이다. 그런데 사울은 자신의 삶에 날마다 반복되는 승리의 이유를 알지 못했다. 그 이유가 하나님의 은혜라는 생각은 아예 하지도 못했다.

야하시엘이 말했습니다.
"여호사밧 왕과 유다와 예루살렘에 사는 모든 사람들이여,
잘 들으십시오. 여호와께서 여러분에게 말씀하십니다.
'큰 군대가 있다고 해서 두려워하거나 놀라지 말라.
이 전쟁은 너희 전쟁이 아니라 내 것이다. 하나님의 전쟁이다

역대하 20장 15절 (우리말성경)

몰락의 시작

이것은 우리 삶에도 동일하게 적용된다. 오늘 우리가 누군가로부터 믿음을 전해들어 구원을 받은 그리스도인으로 대한민국 땅에서 살아가는 이유는 무엇인가? 하나님의 은혜이다. 오늘 우리가 각자의 자리에서 공부하고 직장에서 일을 하며 가정이라는 공동체안에서 살아가는 이유는 무엇인가? 이 또한 하나님의 은혜이다. 사랑하는 학생들이 영어 단어 수학 공식 등 학업을 통해 무언가를 암기하고 이해하고 해석하는 (물론 각각 차이가 있지만) 이유는 무엇인가? 이 또한 하나님의 은혜이다. 오늘 우리가 두 발로 걷는 이유도 하나님의 은혜이며 반대로 우리 삶 가운데 어떤 장애가 있다 하더라도 그로인해 때론 절망과 좌절의 터널을 지난다 하더라도 이 또한 모두 다 하나님의 은혜, 인도하심, 섭리와 개입하심 가운데 우리안에 일어난 일이라는 것을 부정할 수 없다. 모든 것이 다 하나님의 은혜이다.

위에서 언급한 것이 하나님의 전적인 은혜로 받아들이지 못하는 사람들이 있을 수 있다. 하나님의 크신 은혜는 당연한 사실이지만 자신이 해야 할 책임을 성실하게 해야 하나님의 은혜도 임하는 것이라고 반박할 수도 있다. 나는 이분법적 사고로 우리의 노력과 수고가 의미없다 말하는 것이 아니다. 이것을 이해하기 위해서는 더 근본적인 접근이 필요하다. 만일 어떠한 일을 하기 위해 내가 계획하고 노력하고 성실하게 그 일을 감당했다면 스스로 자문해보라. 나의 그 성실과 열심이 어디서부터 왔는가? 나는 만일 자신의 열심이 자신의 결단으로부터 온 것이라고 착각하는 사람들에게 이 말을 하는 것이다. '우리의 노력과 결단 성실이 의미없는 것은 아니지만 그 결단과 성실과 노력은 하나님의 선물이라.'

　　　사울의 승리, 이스라엘의 승리 원인은 결국 하나님의 약속의 결과이다. 이스라엘이 이방 민족과의 전쟁에서 승리 여부는 사울의 능력과 이스라엘 백성들의 컨디션과 전혀 상관이 없다. 하나님은 일을 계획하시고 그 일을 성취하시는 만물의 창조주, 전능하신 하나님이시기에 하나님이 결정하신 일, 하나님이 약속하신 일들은 반드시 하나님의 때에 따라 이뤄진다. 그러나 사울은 자신의 능력과 힘으로 나서는 전쟁마다 승리했다 착각했다. 하나님의 두우심은 있었지만 궁극적인 승리의 원인이 곧 자기 자신이라 확신했다.

　　　하나님의 크신 은혜가 일하심에도 불구하고 모든 것이 자신의 선택과 능력, 열정과 성실함의 여부에 달려 있다 착각하며 사는 것을 성경은 죄, 교만이라고 정의한다. 사울은 교만했다. 하나님과의 관계가 끊어졌음에도 불구하고 승리하는 자기 자신의 삶을 놓고도 문제점을 깨닫지 못했다. 하나님께 뜻을 구하고 제사를 드릴 때 마다 침묵하시는 하나님을 알고도 사울은 하나님과의 깨진 관계를 제대로 보지 못했다. 그저 날마다 자신 앞에 있는 일들을 해결하기 위해 전쟁을 준비하고 목숨을 걸고 전쟁을 하는 치열한 일상을 반복하며 살아갔다.

만일 사울이 자신의 삶, 왕의 역할, 하루를 살아갈 목적 등 삶의 모든 것이 하나님으로부터 오며 왕으로서 자신이 해야 할 일은 하나님의 선하심을 믿어 날마다 모든 순간에 하나님의 뜻을 구하는 일이라는 것을 알고 신실하신 하나님이 눈동자처럼 자신을 보호한다는 것을 믿었다면 사울은 블레셋과의 전쟁에서 무엇을 준비했을까? 자신의 능력으로는 당황스러움의 연속을 날마다 경험하는 세상 그로인해 피할 수 없는 두려움 가운데 살아갈 수 없다는 것을 깨달았다면 사울은 무엇을 준비하고 구해야 했을까? 하나님의 은혜이다. 아버지 하나님을 향한 간절한 외침이다. '다윗의 자손 예수여, 나를 구원하소서.' 온 몸에 돌을 두들겨 맞아도 살아야겠다는 간절함으로 외치는 간구함이다. 그러나 사울은 이 모든 것을 하지 않았다. 마치 아비가 없는 자식처럼 부모에게 버려진 존재처럼 사울은 자신의 생각과 현실을 벗어나지 못했다. 아니 벗어나지 않았다. 결국은 수많은 당황스러움의 연속으로 인한 두려움에 사로잡혔기 때문이다.

사울의 모습을 보면 마치 부모를 잃은 어린 아이의 모습처럼 보인다. 부모의 손을 놓쳐 잃어버리고 수많은 인파속에 둘러쌓여 두려움속에서 생존법칙을 찾는 안타까운 아이의 모습으로 보인다. 하나님은 사울에게 그리고 오늘 사울과 같이 스스로 인생의 주인이 되어 인생의 수많은 두려움앞에 혼란스러워하는 우리에게 이렇게 말씀하신다.

"어머니가 자기의 젖먹이를 어떻게 잊겠느냐?

자기 태에서 낳은 아들을 어떻게 가엾게 여기지 않겠느냐?

혹시 그 어머니는 잊어버려도 나는 너를 잊지 않겠다!

이사야 49장 15절 (우리말성경)

너희는 혹시 잊을지라도

이사야 49장 15절 말씀에 전제조건은 '너희는 잊을 것이다.' 이다. 죄로 타락한 우리는 '날마다 모든 순간에 하나님을 잊고 살아가게 될 것이다.'라는 죄로 타락한 인간 본질에 대한 고발이다. 그러나 이사야 말씀은 고발로 끝나지 않는다. 비록 너희가 그런 필연적인 존재라 하더라도 그래서 만물의 창조주, 전능하신 하나님을 잊는다 하더라도 하나님은 결코 우리를 잊지 않으시겠다는 약속의 말씀이다. 이사야 말씀이 정확하지 않은가? 살아가는 모든 순간에 우리가 하나님을 얼마나 기억하고 살아가는가? 그분의 성품을 의지하며 살아가는가? 우리의 삶은 매순간 모든 상황 사울과 같지 아니한가? 자신의 노력으로 오늘을 살아간다 착각하고 자신이 성실함으로 오늘의 결과가 있다고 생각하며 하나님의 은혜보다는 세상적인 논리에 매여 살아가는 것이 바로 우리의 현실이다.

그러나 하나님은 우리를 잊지 않으신다. 비록 우리의 죄가 주홍같이 붉을지라도 우리를 품는 그 사랑의 헌신과 인내, 절망 중에도 우리를 향한 소망을 포기하지 않으신다. 마치 태어난 아이를 젖먹이는 어미와 같이 아이는 자신이 어떻게 먹고 숨쉬고 사는지 몰라도 아이를 살리기 위해 어미는 젖을 준비하는 것처럼 하나님은 우리에게 날마다 잊혀지는 수모를 감내하시며 우리를 기억하시고 살리신다. 그가 우리의 창조주, 전능하신 하나님 아버지이기 때문이다.

사회가 발전할 수록 개인들의 능력과 성공을 위한 수단들을 사람들은 쫓기 마련이다. 남들과 비교할 때 더 좋은 무언가를 성취하기 위해 청소년, 청년 모두가 인생의 스펙을 쌓기 위해 사력을 다하고 혹여나 순위를 다투는 경쟁에서 밀리기라도 하면 깊은 상심과 우울감으로 삶을 포기하기도 한다. 마치 절벽 끝에 서 있는 사람들처럼 두려움과 불안 근심과 답이 없는 계획을 세워가며 살아가는 것이 오늘날 우리가 살아가는 현실 아니던가? 그런 우리 모두에게 그리고 세상이 만들어 놓은 벼랑 끝에 위태롭게 서 있는 사울에게 하나님은 말씀하신다. '너희는 나를 잊어도 나는 너희를 잊지 않는다.' '나의 의로운 손으로 네 삶을 붙들고 인도할 것이다.' '나는 애굽에서 너희를 건져낸 너희 하나님이라.' '너희를 고아처럼 버려두지 않고 반드시 네게로 다시 오리라.'

가장 큰 은혜는 하나님의 변하지 않는 성품, 이 신실하신 사랑을 날마다 기억하고 사는 것이다. 두려움과 고통 남들이 모르는 눈물속에서 우리가 구해야 하는 은혜는 모든 어려움을 벗어나는 것 이전에 가장 캄캄한 어둠속에서도 하나님의 의롭고 강한 손이 나의 삶을 붙들고 계심을 의심하지 않는 믿음, 사망의 음침한 골짜기에서도 두려워하지 않는 믿음을 구하는 일이다. 왜냐하면 오늘 우리가 살아가는 현실은 어제도 오늘도 그래도 내일도 여전히 우리를 벼랑 끝, 스스로를 몰아세우며 무언가를 하지 않으면 떨어지게 된다는 착각의 연속이기 때문이다. 사울은 착각했다. 스스로 하지 않으면 그 누구도 자신을 도울 수 없다 확신했다. 그리고 도움을 받아서 무언가를 하는 것은 왕이 할 수 있는 일이 아니라 자신했다. 그래서 그 견과가 무엇인가? 사울이 왕으로 자신을 의지하고 판단해서 얻은 결과가 무엇인가? 결국 스스로 하다하다 안되어 결국 부딪친 자신의 한계 곧 두려움이다.

사울은 왜 하나님을 향한 온전한 믿음이 자신에게 없음에도 불구하고 날마다 반복되는 승리를 의심하지 않았을까? 사울은 왜 하나님을 향한 신실한 믿음이 없는데도 불구하고 자신의 삶에 형통을 의심하지 않았을까? 사울에게 허락된 모든 은혜는 이스라엘을 향한 하나님의 약속으로 인함이었지만 사단은 그 모든 것이 사울 자신의 능력 때문이라는 착각으로 사로잡았기 때문이다. 사단은 지금도 일상에 일어나는 모든 하나님의 은혜를 우리 각자의 능력으로 얻어낸 결과라고 착각하게 만든다. 아니다. 그건 우리의 능력으로 인한 결과가 아닌 전적인 하나님의 은혜이다. 계획이다. 부르심이며 인도하심이다. 이것을 믿음으로 고백하는 인생은 안전하다. 날마다 주어진 하나님의 은혜를 통해 은혜에 중독되는 것이 아닌 은혜를 허락하신 하나님을 향해 순전한 삶을 살아갈 수 있기 때문이다. 그러나 사울과 같이 자신의 능력으로 거짓 성취를 맛본 인생은 결국 두려움에 사로잡힐 수 밖에 없다. 왜냐하면 오늘 이룬 승리를 내일 또 이뤄야 하기에, 내일 이룬 승리를 그 다음 또 이뤄내야 하기에 능력없는 자신의 삶을 학대하며 살아갈 것이 자명(自明)하기 때문이다.

순종하심

—

내가 사울을 왕으로 삼은 것을 후회한다.
그는 내게서 등을 돌리고 내 지시를 따르지 않았다.
사무엘은 마음이 아파서 그날 밤 내내 여호와께 부르짖었습니다.

(사무엘상 15장 11절, 우리말성경)

함정

하나님께서 사울에게 아말렉 족속의 모든 것을 진멸하라 명령하셨다. 하나님께서 아말렉 족속을 심판하시기로 결정한 이유는 아말렉 족속이 하나님을 조롱하고 출애굽 당시 광야에서 이스라엘 백성들을 비열하게 억압하며 수백년동안 이스라엘을 고통스럽게 했기 때문이다. 하나님의 이 명령에 사울은 적극적으로 반응하며 순종한다. 왜냐하면 아말렉 족속을 진멸하는 것은 사울 자신에게도 풀어야 할 숙제이자 동시에 큰 이익을 가져오는 전쟁이었기 때문이다.

너는 지금 가서 아말렉을 공격하고 그들에게 속한 모든 것을
완전히 멸망시켜라. 그 어떤 것도 남겨 두어서는 안 된다.
남자와 여자, 어린이와 젖 먹는 아기, 소와 양,
낙타와 나귀들을 모두 죽여라.

사무엘상 15장 3절 (우리말성경)

앞서 말했듯이 하나님께서는 아말렉의 모든 것을 진멸하라
명령하셨다. 그리고 사울은 하나님의 말씀, 명령에 순종했다. 그러나 또
다른 의미로 사울은 하나님께 순종하지는 않았다. 왜냐하면 사울은
하나님의 명령을 온전히 따를 마음은 없었기 때문이다. 하나님의 명령
에 사울은 지금까지 늘 그래왔듯이 자신의 생각을 적절하게 섞는다.

하나님께서 아말렉을 심판하시기로 결정하셨다. 하나님의 심
판은 하나님의 전적인 선택으로 감히 누가 하나님의 선택에 토를 달 수
있겠는가? 하나님이 심판을 결정하시면 심판은 내려지고 하나님이 구
원을 결정하시면 구원은 이뤄지는 것이다. 그런데 감히 하나님의 선택
에 사울이 반기를 든다. 아말렉과의 전쟁은 받아들일 수 있고 아말렉
의 모든 사람들을 죽이는 것도 동의하지만 아말렉의 수많은 재산들까
지 버리는 일을 사울이 순종하지 않은 것이다. 왜? 그것은 매우 비상식
적인 일로 사울에게 받아들여졌기 때문이다. 고대 근동 사회에서 전쟁
의 승리는 곧 나라의 성장과 강성함을 가져온다. 전쟁의 승리는 주변국

들로 하여금 두려움을 갖게 하고 전쟁을 통해 얻은 물자들은 곧 나라의 경제와 사회, 문화의 성장을 가져오기 때문에 사실 사울이 선택한 일들은 매우 합리적이고 보편적이며 타당한 일이다. 아니 사실 타당한 일이다.

그러나 우리는 여기서 사울 속에 담겨진 치명적인 죄의 본성, 사울의 착각을 보게 된다. 첫번째, 하나님의 심판은 하나님의 결정이라는 것, 하나님께서 모든 것을 진멸하라 명령하셨다는 것은 곧 순종할 일이다. 그러나 사울은 하나님의 뜻과 명령에 순종하지 않았다. 두번째, 사울은 아말렉과의 전쟁에서 얻은 물자를 이스라엘을 강성하게 만드는 자원으로 사용하려 했다. 사울의 판단이 이스라엘의 왕으로서 적절한 선택처럼 보이지만 사실 그렇지 않다. 이스라엘의 주인은 하나님으로 이스라엘의 모든 자원과 풍요, 주변국으로로부터 보호는 이스라엘의 능력과 실력에 있는 것이 아니라 하나님의 은혜, 인도하심, 공급하심을 통해서만 가능한 일이기 때문이다. 그러나 사울은 하나님의 공급하심을 무시하고 스스로 이스라엘을 풍요롭게 채우려했다. 도대체 사울이 이런 판단과 결정을 한 이유는 무엇인가? 결국 이스라엘의 왕으로 많은 사람들의 기대와 환호를 받기 위한 사울의 교만이다. 이스라엘 백성들과 주변국들을 향한 두려움이다. 겉으로는 나라를 위해 무언가를 한다고 하면서도 결국 이로 인한 모든 영광과 환호를 자신이 독차지하기 위한 술책에 불과했다.

사실 성경에 기록된 모든 하나님의 말씀은 합리적이지 않다. 때론 무자비하게 일방적이다. 그러나 그것이 성경이 우리에게 요구하시는 하나님의 명령이다. 우리가 하나님의 명령과 말씀을 합리적으로 판단하고 사고하길 원한다면 우리 자신이 전능한 존재, 만물을 말씀으로 창조할 하나님이 되면 가능하다. 그러나 우리는 하나님이 아니다. 철저히 무능하고 철저히 무가치하다. 부정할 수 없는 인간의 현실이다. 그러나 사단은 끊임없이 이것을 착각하고 혼란스럽게 우리를 유혹한다.

하나님께서는 아브라함에게 갈대아 우르 고향을 떠나 하나님이 명령하실 땅으로 가라 말씀하셨다. 그러나 하나님은 아브라함에게 목적지를 알려주시진 않았다. 그저 떠나라는 명령만 하셨다. 얼마나 비합리적이고 모순적인 일인가? 예수님의 가르침 또한 늘 항상 언제나 비합리적이었다. 어부 출신인 베드로에게 물 위를 걸어오라는 말씀이 합리적인가? 오병이어로 수천명을 먹이라 하시는 말씀은 합리적인가? 죽은 자에게 잠들었다 말씀하시며 일어나라 명령하시는 것이 합리적인가? 조금만 생각해봐도 알 수 있다. 성경에 기록된 모든 메시지는 세상의 합리성을 거부한다. 왜냐하면 하나님이 유일한 진리, 합리, 길이요 생명되신 창조주 하나님이기 때문이다.

세상을 살아갈 때 우리가 늘 고민하는 문제가 바로 이것이다. 하나님의 말씀에 순종해야 하는가? 하나님의 말씀은 내 삶, 상식에 합리적인가 혹은 비합리적인가? 만일 비합리적이라고 한다면 어디까지 순종해야하는가? 또한 순종은 모든 것에 다 순종해야 하는가 아니면 부분적으로 선택적으로 순종할 수도 있는 것인가? 살아가며 마주하는 모든 일에 사단은 우리를 공격한다. 하나님의 뜻을 온전히 듣지 못하도록 들어도 모든 것에 순종할 수 없도록 겉모습은 순종을 따르는 듯하지만 속으로는 다른 셈을 하게 만들어 버린다. 왜? 단편적인 순종, 선택적인 순종은 곧 순종이 아니기 때문이며 온전한 순종을 잃어버린 인생을 향해 하나님은 침묵하시기 때문이다.

교회 공동체를 파괴하는 이단의 사전적 의미는 끝단(端), 다를 이(異) 즉 시작은 같지만 끝이 다른 존재라고 정의할 수 있다. 청소년들과 이야기를 하다보면 교회 공동체를 파괴하는 이단, 사회문제를 일으키는 이단에 대해 날카롭게 비난하고 조롱하는 말들을 종종 들을 때가 있다. 그런데 잘 생각해보면 그와 같은 이단을 조롱하면서도 정작 온전히 하나님의 말씀에 순종하지 못하고 각자 나름대로의 생각과 판단을 따라 선택적 순종, 선택적 믿음, 선택적 헌신을 살아가는 우리들이 할 분노, 조롱, 비난은 아니지 않나라는 생각도 하게 된다. 물론 교리적으로 신학적으로 온전한 믿음을 부정하는 자들과 비교할 것은 아니지만 실상 우리의 삶 구석구석마다 이단의 흔적을(?) 갖고 살아가는 모습들이 있는 것도 사실 아닌가? 사울의 고백에 주목해보자. '하나님

아말렉과 전쟁할께요. 그런데 다 진멸하진 않을거에요.' 사울의 모습을 보라. 정확히 이단, 출발은 같지만 끝이 다른 하나님의 진노를 쌓는 인생이다.

시작과 끝이 이렇게 다른 사울이 아말렉과의 전투에서 하나님께 '하나님 그래도 제가 전쟁을 하라는 명령에는 순종했잖아요'라고 변명할 수 있을까? 하나님께서 사울과 우리에게 이렇게 말씀하실 것이다.

'그건 순종이 아냐. 네가 한 일은 내 뜻이 아냐.' 신앙 생활을 하며 가장 듣기 두려운 하나님의 음성이다.

'하나님 저 열심히 했어요.' '응, 그건 나를 위한 열심 아냐, 너를 위해 네가 한거야. 나랑 상관없는 일이야.'

겉옷자락을 붙들어도

—

그러자 사무엘이 대답했습니다.
"여호와께서 여호와의 음성을 순종하는 것보다
번제와 다른 제사들을 기뻐하실 것 같소?
순종이 제사보다 낫고 귀 기울이는 것이 숫양의 기름보다 낫소.
거역하는 것은 점치는 죄와 같고 교만은 우상을 섬기는
악과 같은 것이오. 당신이 여호와의 말씀을 거역했기 때문에
그분은 당신을 버려 왕이 되지 못하게 하셨소."

사무엘상 15장 22절-23절 (우리말성경)

하나님께서는 사무엘을 통해 멋대로 사는 사울을 질책하셨다. 순종이 없는 사울을 버리시겠다 말씀하셨다. 사실 하나님의 버리심 이전에 사울은 이미 오래전에 하나님을 버렸다. 사울이 죄로 타락한 본성에 사로잡혀 하나님께서 주시는 수많은 기회를 발로 차버리고 스스로 하나님의 자리에 올라 자신의 인생을 파멸로 끌고갔다. 하나님께서 사울을 떠나시겠다는 말씀을 들은 사울의 모습은 어떠한가? 그동안 사울의 삶이 증명하듯 당당했나, 뒤로 물러섬이 없었나, 반박했나, 아니다. 사울은 처량하게 사무엘의 옷자락을 붙들고 매달리며 간청했다. 연약한 우리가 하나님을 떠나 살아갈 때 겪게 되는 처량함이 아니던가? 그런데 이 과정에서 사울이 도대체 왜 이렇게까지 하나님의 말씀

을 무시하고 자기 멋대로 선택하며 살았는지 사울은 은연중에 자신안에 있는 두려움을 성경은 기록한다. 사무엘상 15장 24절이다.

그러자 사울이 사무엘에게 말했습니다.
"내가 죄를 지었습니다. 내가 여호와의 명령과
당신의 지시를 어겼습니다. 백성들이 두려워서
그들의 말대로 한 것입니다.

사무엘상 15장 24절 (우리말성경)

사울이 그토록 하나님의 말씀의 뜻을 구하지 않고 세상적인 목적을 이루기 위해 하나님을 도구로 사용하는 불순종, 악행을 저지른 이유를 사울은 두려움 때문이라 고백한다. 구체적으로 말하면 백성들을 두려워했다는 말이다. 사울왕의 이야기 이후 다윗왕을 다룰 때 구체적으로 얘기하겠지만 사울이 다윗을 향해 왜 그토록 잔혹한 질투심에 사로잡혀 스스로의 인생을 파멸로 이끌어갔나? 이 또한 백성들을 두려워했기 때문이다.

사울이 백성들을 두려워한 까닭은 단순하다. 자신의 왕권이 백성들로부터 왔다고 믿었기 때문이다. 하나님께서 자신을 왕으로 세우신 것은 맞지만 이 왕권을 유지하고 사울 자신이 더 성공적인 왕이 되기 위해서는 백성들의 지지와 협력이 절대적인 힘이라 착각했기 때문이다. 오늘 본문은 참 서글픈 장면이다. 전능하신 하나님을 의지하지 않고 백성들을 두려워하며 자신을 버리시겠다는 하나님의 옷자락을 붙들고 이러지도 저러지도 못하고 있는 미련한 사울의 모습이 한심하기 때문이다.

결국 사울이 왕의 자리에 올라 수많은 일들을 겪으면서도 정작 하나님의 신실하심 안에서 세상이 줄 수 없는 평안을 누리지 못한 이유는 사울이 하나님이 아닌 세상, 하나님이 아닌 백성들 곧 사람들의 시선을 통해 자신의 정체성을 확인하려 했기 때문이다. 마치 잘못 끼운 단추처럼 시작이 뒤틀어진 사울의 삶은 시간이 지날수록 하나님을 경외하는 삶이 아닌 세상과 사람을 두려워하는 인생이 되어 결국 하나님의 놀라운 은혜를 받은 삶이었지만 하나님께 질책과 심판을 받는 비참한 삶으로 추락하고 말았다. 이 모든 일의 출발점은 어디인가? 결국 두려움이다. 결국 하나님을 온전히 경외하지 못함으로 인한 결과이다. 예수님의 가르침이 정확하다. 마태복음 10장 28절 말씀이다.

육체는 죽여도 영혼은 죽일 수 없는
사람들을 두려워하지 말고 오직 영혼과 육체를 한꺼번에
지옥에 던져 멸망시킬 수 있는 분을 두려워하라.
마태복음 10:28 (우리말성경)

현대 사회에 일어나는 대부분의 정신적인 어려움들은 두려움으로부터 시작된다. 누군가로부터 버림받을 것에 대한 두려움, 무언가 이루기 위해 도전했지만 실패할 것이라는 두려움, 청소년들에게는 자신이 무언가를 성취해야 인정받고 살아갈 수 있다는 막연한 두려움, 청년들에게는 남들에게 부끄럽지 않을만큼 무언가를 이루고 가지고 성취해야 인정받을 수 있다는 두려움 등 결국 우리 삶을 파괴하는 모든 일의 출발점은 두려움, 하나님을 신뢰하지 못하는 불신앙, 인간이 가지고 있는 죄성의 본질이다.

뭘 안해도 상관없어

청소년, 청년 사역을 하며 아이들과 상담할 때 내가 주로 하는 말은 '뭘 안해도 상관없어'이다. '네가 좋은 대학 안가도 상관없어, 공부를 못해? 그래도 상관없어. 가정 형편이 좋지 않다고? 그게 네 인생이랑 무슨 상관이야.' 나는 늘 아이들에게 네가 당하는 모든 일들이 결코 네 삶을 결정하지는 않는다고 말한다. 왜냐하면 오늘의 현실이 아무리 캄캄한 어둠이라도 하나님의 계획을 통해 우리 삶에 허락된 일이라는 것을 믿기 때문이다.

그런데 어떤 아이들은 이것을 잘 받아들이지 못한다. 자신의 삶에 일어나는 여러 일들이 자신이 기도와 신앙생활을 온전히 하지 못했기 때문에 얻어진 결과라고 자책하는 아이들도 있다. 얼마나 슬픈 일인가? 하나님을 향한 착각으로 자신의 삶을 파괴하는 아이들을 보는 것은 늘 고통스러운 일이다. 그런 상심에 빠진 아이들에게 나는 늘 기도할 수 없으면 하지 말라고 말한다. 예배하기 힘들다면 설교 시간에 숙면해도 괜찮다고 말한다. 중요한 것은 네가 무언가를 해서 주어진 어려움을 극복하는 것이 아니라 네 삶에 모든 시작과 끝이 하나님의 손 안에 있음을 믿는 믿음이며 하나님의 손안에 있다는 것은 언제나 평안과 즐거움만을 의미하는 것은 아니기 때문에 인생의 모든 희노애락에서 결코 잊지 말아야 하는 것은 네 삶의 주인은 하나님이라는 것을 빼앗기지 말라는 조언이다. 그리고 그 소망의 끈을 붙들고 버티면서 살아내라는 격려이다. 그러나 아이들은 쉽게 이 말에 동의하지 못하고 당황스러운 현실속에서 두려움을 쌓으며 살아간다. 하나님이 괜찮다고 하는데 그 말씀에 동의가 되지 않고 스스로를 자책하며 근심과 두려움에 살아가는 삶이 우리의 삶이다.

결국 인생의 성공과 실패 온전한 믿음과 불순종의 사이를 이간질하는 사단의 전략은 두려움이다. 2023년 한 기독교 언론기관에서 기독교인들의 성경 검색 데이터를 분석한 결과 가장 많은 사람들이 검색한 성경 구절이 이사야 41장 10절 말씀이다. 현대 사회에서 왜 수많은 사람들이 이 말씀을 검색하고 암송하고 통독했는지 생각하게 하는 말씀이다.

그러니 두려워하지 마라. 내가 너와 함께 있다. 걱정하지 마라.
나는 네 하나님이다. 내가 너를 강하게 하고 너를 도와주겠다.
내 의로운 오른손으로 너를 붙들어 주겠다.

이사야 41:10 (우리말성경)

그렇다면 우리가 두려워하는 근본적인 이유는 무엇인가? 결국 하나님의 의로운 손에 대한 의심이다. 불신이다. 혹은 하나님의 의로운 오른손의 강한 붙드심을 사람의 붙듬정도로 생각하는 미련한 착각이다. 성령님의 감동을 통해 우리는 예수 그리스도의 구속을 믿는다. 예수 그리스도는 하나님이시며 그분은 하늘 보좌를 버리고 나를 위해 이 땅에 오셔서 나의 모든 죄를 대신하여 죽으시고 삼일만에 부활하셔서 하나님의 보좌 옆에 앉으심으로 나를 향한 하나님의 사랑을 직접 보이시고 확증, 증명하셨다는 것을 우리는 믿는다.

그리고 그 위대한 사랑을 증명하신 하나님은 만물을 말씀으로 창조하시고 여전히 만물 가운데 개입하시며 섭리하심으로 하나님의 선하신 뜻을 오늘도 만물 가운데 그리고 치밀하게 나의 삶 가운데 이뤄가신다. 성취하신다. 우리는 이것을 믿는다. 아니 이것을 온전히 믿는 것이 기독교 신앙이요, 이 하나님의 고결한 성품을 붙드는 삶이 그리스도인의 삶이다.

그러나 우리는 죄로 타락한 본성으로 여전히 땅에 발을 내딛고 살아가는 연약한 존재이다. 우리는 날마다 모든 순간에 하나님의 신실하심을 의심하고 사람의 눈치를 보며 세상의 말에 주목하고 세상의 요구에 나를 더 효과적으로 껴맞추고 살아가기 위해 하루 하루를 버겁게 살아간다. 믿음이 없는 것은 아니지만 온전한 순종을 할 수 없으며 하고 싶은 마음도 없는 것이 우리의 현실이다. 사단은 우리의 양심을 끊임없이 공격함으로 결국에 하나님과 세상, 말씀과 나의 뜻 사이 어딘가에서 이도저도 아닌 애매한 삶을 살아가며 우리의 힘을 빼놓고 있는 것이 현실이다. 그리고 대부분의 인생은 이 현실에서 늘 패배하며 사울과 같이 스스로 인생의 주인이 되어 두려움을 이기기 위해 두려움에 사로잡혀 살아가는 모순적 인생으로 생을 마감한다.

사울은 왜 두려워했을까? 사울은 왜 두려움 가운데 평안을 선포하시는 하나님의 말씀이 아닌 두려움으로 자신을 몰아치는 사람들을 바라봤을까? 하나님께서는 사울을 통해 우리 삶을 돌아보게 하시며 오늘도 우리 각자의 삶을 향해 ‘두려워 말라’고 말씀하신다. 사울이 왕이 된 것이 하나님의 선택이듯이 우리가 살아가는 삶의 모든 영역은 곧 하나님의 부르심이며 하나님의 선택으로 부르심을 받았기에 우리가 서 있는 자리는 안전하다 말씀하신다. 때론 그 자리가 사망의 음침한 골짜기라도 두려워할 수 없는 것은 여호와가 우리 삶에 유일한 그리도 위대한 목자이기 때문이라며 우리를 안심시키신다. 우리의 실수와 연약한 믿음에도 요나단에게 위대한 기적의 승리로 응답하셨듯 우리 삶을 경청하시고 응답하신다. 때론 비합리적인 일이라 하더라도 하나님의 말씀을 따라 순종할 때 세상적으로는 손해보고 죽는 일이라도 하나님은 그 일에 반드시 보응하시고 응답하시며 축복으로 하나님의 살아계심을 우리 삶을 통해 증명하신다.

그러므로 오늘 당장 우리가 사울과 같이 두려움에 사로잡혀 하나님을 온전히 바라보지 못하고 있다 하더라도 안심하자. 지금 이 글을 읽는 이 순간이 바로 하나님께서 우리에게 '두려워말라'고 말씀하시는 평안의 순간, 하나님께서 일하시는 순간이기 때문이다.

후회하심

—

사무엘은 사울로 인해 마음이 괴로워 죽는 날까지
다시는 사울을 만나지 않았습니다.
여호와께서는 사울을 이스라엘의 왕으로 삼으신 것을
후회하셨습니다.

(사무엘상 15장 35절, 우리말성경)

어리석은 선택

　　　사울이 울며불며 사무엘의 옷자락을 붙들고 매달렸지만 사울을 향한 하나님의 심판은 바뀌지 않았다. 사무엘상 15장 31절 말씀은 사울의 성공과 실패, 출발과 몰락을 모두 함께 한 사무엘의 심정을 기록한 말씀이다.

사무엘은 사울로 인해 마음이 괴로워
죽는 날까지 다시는 사울을 만나지 않았습니다.

사무엘상 15장 35절 상반절

사울의 실패를 사무엘에게는 큰 고통이다. 하나님의 말씀을 따라 사울에게 기름부어 사울을 이스라엘의 왕으로 세운 통로의 역할을 사무엘이 했기 때문이다. 사울의 실패는 곧 사무엘의 실패였기에 사무엘은 간절한 마음으로 사울이 왕의 소명을 성공적으로 감당하기 위해 수고했으나 그 모든 노력은 허사로 돌아갔다. 사람과 세상을 두려워하여 끝까지 하나님의 뜻에 순종하지 않은 사울을 향한 사무엘의 결단은 포기, 사울과 선을 긋고 관계를 정리하는 일이다. 우리는 사무엘이 그래도 하나님의 뜻으로 살아가는 제사장인데 너무 냉정하게 사울을 내치는 것이 아닌가라는 생각도 들지만 반대로 생각해보면 그만큼 사무엘이 사울로 인해 상심이 크고 이제는 할 수 있는 것이 없을만큼 사무엘이 할 모든 일을 다 했다는 의미로도 이해가 되는 말씀이다.

사울을 향한 사무엘의 행동이 우리가 보기엔 냉정하고 때론 무책임하게 보일수도 있지만 사무엘에 보여준 모습은 사실 죄로 타락한 연약한 인간의 보편적 모습이다. 우리가 만일 사무엘이었다면 우리 또한 사무엘과 같은 선택, 결정을 했을 것이다. 누군가에게 마음을 다하고 뜻을 다하여 사랑하고 이해하고 옳은 길로 가도록 권면하고 그러나 배신당하는 일들이 반복되면 우리 또한 사무엘과 같이 처신하지 않을까? '이제 너는 내가 상대안한다. 내가 얼마나 네게 헌신했는데, 내가 얼마나 네게 인내했는데' 우리가 하는 결정도 결국 사무엘과 같다. 선을 긋고 관계를 정리하여 죽는날까지 보지 않는 것이다.

사람은 결국 포기한다. 사람의 인내는 한계가 있다. 사람의 헌신은 어쩔 수 없이 종착역이 있다. 사람마다 차이는 있을 수 있지만 궁극적으로 사람의 사랑, 사람의 인내, 사람의 헌신과 희생은 결국 한계가 분명히 있다. 왜냐하면 우리 모두는 죄로 타락한 죄의 본성에 사로잡힌 존재이기 때문이다. 우리가 죄성과 그로인한 연약함을 인정한다면 우리는 사무엘의 처신을 비난하거나 조롱할 수 없다. 왜냐하면 사무엘이 보여준 사울과의 마지막 관계성이 우리가 일상을 살아가며 반복하는 우리의 모습이기 때문이다. 그러나 이것을 사무엘과 사울이 아니라 하나님과 우리 자신의 이야기로 바라보면 이야기는 180도 달라진다.

단순한 질문이다. 하나님은 변하지 않는 우리의 죄성을 포기하시고 우리를 버리시는가? 하나님은 우리가 말씀대로 살아가지 않을 때 우리에게 선을 긋고 우리를 포기하시는가? 성령의 감동으로 예수 그리스도를 믿는 그리스도인들이라고 한다면 누가 이 질문에 맞다고 대답할 수 있는가? 우리 모두는 이 질문에 답을 알고 있다. 세상 그 어떤 존재도 아니, 하늘의 천사라도 우리를 향한 하나님의 사랑을 끊을 수 없다. 하나님은 우리와 함께 하신다. 고아 같이 우리를 버리시지 않으시고 반드시 찾아 강한 오른손으로 우리의 삶을 붙드신다. 이것이 우리 모두의 고백이며 성경을 통해 하나님께서 오늘도 우리에게 주시는 변하지 않는 약속이다. 아멘.

사람과 하나님의 차이는 명확하다. 사람은 변한다. 그러나 하나님은 영원하시다. 사람은 사랑으로 다가와 결국 저주로 끝맺는다. 그러나 하나님은 저주인 우리의 삶을 생명의 삶으로 시작하신다. 그러므로 온전한 믿음이란 이와 같은 사람과 하나님의 차이를 인정하고 소망되신 하나님에게만 우리 삶의 목적과 소망을 두고 살아가는 것이다. 사람과 세상에 기대하는 것이 얼마나 어리석은 일인지 깨닫고 우리의 죄가 주홍같이 붉을지라도 동이 서에서 먼것처럼 우리의 죄를 예수 그리스도를 믿는 믿음으로 옮기신 하나님을 향한 사랑과 소망안에서 살아가는 것이다.

때론 세상의 유혹이 폭풍처럼 밀려와도 물 위를 걸어 오라 말씀하신 예수님만을 바라보며 폭풍 가운데에서도 잠잠하게 주님을 바라보며 사는 것이다. 결국 우리 인생이 흔들리고 상처를 받을 때가 대부분 언제인가? 사람에게 기대할 때 사람을 의지할 때 아니던가? 나는 가장 어리석은 말이 '네가 그럴 줄 몰랐어.'라고 생각한다. 사람은 누구나 그럴 수 있다. 이런 표현이 적절한지 모르겠지만 그럴 놈, 그럴 분이다.

그렇다고 모든 사람을 적대시하고 경계하라는 말이 아니다. 예수님의 가르침을 따라 사랑해라. 희생해라. 그리고 소명의 자리에서 헌신해라. 그러나 그로 인해 받을 것은 기대하지 말아라. 혹 가진 것을 빼앗아 간다해도 이상하게 여기지 말아라. 왜냐하면 그것이 우리가 살아가는 죄로 타락한 세상의 일반적인 모습이기 때문이다.

그리스도인은 누구인가? 사랑하는 자들이다. 그러나 받을 것은 포기하는 자들이다. 이것이 글로는 쓰기 쉽지만 죄로 타락한 우리에게는 거의 불가능한 일이라는 것을 알고 있다.

그러나 그렇다고 우리의 실패가 우리의 잘못된 선택이 정당화 되는 것은 아니다. 그저 우리의 연약함을 인정하고 하나님의 은혜와 도우심을 구하며 날마다 하나님의 뜻을 구하고 오직 하나님께 소망을 두며 살아가길 원하는 간절한 마음으로 하루 하루를 살아내는 것 뿐 우리 모두에게 이 일에 대한 정답은 없다.

깊은 한 숨

사울을 왕으로 기름부은 사무엘의 후회는 이해가 된다. 자기 멋대로 살아가는 사울로 인해 사무엘이 얼마나 많은 심적 부담과 어려움을 겪었을까, 사무엘도 똑같은 성정의 인간인데 어긋나는 사울을 보며 얼마나 분노했을까, 그러나 사무엘상 15장 35절의 말씀에 기록된 하나님의 후회는 우리로 하여금 멈칫하게 하는 말씀이다. 왜냐하면 하나님은 후회할 일을 하시는 분이 아니시기 때문이다.

'후회'의 사전적 의미는 '무엇을 결정하고 일어난 결과에 대한 아쉬움'이다. 사전적 의미로 보면 하나님께서 후회하셨다는 말씀의 의미가 더 와닿지 않는다. 하나님이 결정하신 일은 완전하고 무오하며 전능하고 거룩하며 온전하기 때문이다. 그렇다면 이 말씀의 의미는 무엇인가? 후회라는 의미를 이해하기 위해서는 후회라는 단어의 정확한 의미를 먼저 알아야 한다. 후회라는 단어의 히브리 단어는 '나함'으로 그 의미는 '후회하다'라는 의미와 함께 '깊은 한 숨'이라는 의미로도 사용된다. 더 구체적으로 설명하면 '나함'은 상대방의 아픔, 슬픔을 동정하고 인내의 마음으로 내쉬는 깊은 탄식의 한 숨'이라고 할 수 있겠다. 그러므로 하나님께서 사울을 왕으로 삼으신 것을 후회하셨다는 말씀의 의미는 사무엘과 같이 사울을 왕으로 만들려다가 실패했기 때문에 하신 후회가 아닌 사울을 향한 하나님의 뜻, 하나님의 마음 상태를 뜻하는 말씀이다.

하나님은 사울을 향해 후회하셨다. 하나님은 사울이 하나님을 온전히 의지하지 못하고 세상과 사람을 두려워하며 스스로 인생에 주인이 되어 몰락하는 것으로 인해 탄식, 깊은 한 숨을 내쉬셨다. 참으로 서글픈 장면이다. 사랑하는 누군가에게 자신의 존재가 깊은 탄식의 한숨이 된다는 것은 얼마나 비참한 일인가? 우리 모두는 절대적인 사랑안에서 무한한 격려가 필요하다. 세상과 사람이 때론 우리의 본심을 몰라줘도 우리를 이해하고 품어주며 한없는 사랑으로 우리가 다시 일어날 수 있는 힘의 통로가 필요하다. 왜 세상의 사람들이 사랑을 간구하며 인간 관계에 집착하고 남들보다 더 많은 것을 누리고 가지려 하는가? 결국 마음 한 가운데 채워지지 않는 간절한 공허함을 채우기 위한 발버둥이 아니던가? 성취와 보람으로 인간의 욕망을 포장하려 하지만 포장할 수 없다. 결국 세상 그 누구라도 온전한 사랑과 이해를 받지 못하는 삶은 소유와 상관없이 가장 비참한 삶을 살아가는 것을 우리는 이미 경험을 통해 알고 있기 때문이다.

그런 의미로 보면 사무엘이 사울에게 찍은 마침표는 이해가 된다. 사무엘은 할만큼 다 했기 때문이다. 그러나 우리가 주목할 점은 하나님께서 찍으신 마침표이다. 하나님은 사울을 향한 깊은 탄식의 한숨으로 사울을 이스라엘 왕의 자리에서 끌어내리셨다. 그러나 하나님은 그와 동시에 이스라엘을 위한 새로운 왕을 준비하셨다.

여호와께서 사무엘에게 말씀하셨습니다.

"내가 이스라엘을 다스리지 못하도록 사울을 버렸는데
너는 언제까지 사울을 위해 슬퍼하겠느냐?
네 뿔에 기름을 채우고 길을 떠나 베들레헴의 이새에게로 가거라.
내가 그의 아들 가운데 하나를 왕으로 선택했다."

사무엘상 16장 1절 (우리말성경)

사울은 하나님께서 원하셔서 세우신 왕이 아니다. 이스라엘 백성들이 다른 이방 민족들과 같은 왕을 요구했기 때문에 그들의 요구에 따라 세워진 왕이다. 사울이 처음 왕으로 세워질 때 사람들의 평판을 보라. 외모가 출중하고 전쟁에도 능하여 이스라엘을 위대한 나라로 이끌 것이라는 기대감이 가득했다. 그러나 그들의 기대는 하루 아침에 물거품이 되버렸다. 그렇다면 이 모든 과정에서 하나님이 이스라엘 백성들을 책망하실 충분한 이유가 있지 않은가?

'너희가 여호와 하나님을 온전히 따르지 않은 결과가 바로 이것이다.'라고 하면서 이런 표현이 적절할지 모르겠지만 이스라엘 백성들을 좀 방치해둘 수 있지 않을까? 그들에게 '얼마나 악하고 미련하여 자신들이 자초한 일들로 인해 당하는 고통을 좀 경험해봐야 하나님 귀한 줄 알지' 라며 잠시 한걸음 뒤로 물러서 계실 수 있지 않은가? 그런데 하나님께서 사무엘에게 하시는 말씀을 보라. 사울의 실패로 좌절하고 낙심한 사무엘을 오히려 재촉하신다. '사무엘아 사무엘아, 빨리 일어나라. 언제까지 슬퍼하고만 있을거야. 너희들이 원한 왕이 아니라 이제 내가 선택한 왕이 있어. 내가 그를 이미 준비해뒀다.'라 말씀하신다.

　　　　낙심하여 슬퍼하는 사무엘의 모습과 사무엘을 제촉하시며 새로운 일을 말씀하시는 하나님의 모습은 우리가 살아가는 일상의 모습과 연결된다. 간절히 기대했던 일, 소망했던 일이 뜻대로 되지 않고 사람을 기대하다 받은 깊은 상처로 인해 우리가 하는 일은 사무엘과 같이 슬퍼하며 포기하고 낙심한 채 멈춰서는 일이다. '이 일은 이제 더 이상 안돼' '이제 나는 무엇을 해야 하나?' 그러나 놀랍게도 하나님은 사울의 실패 가운데 다윗을 준비하시는 것처럼 우리의 실패 안에서 새로운 일, 하나님의 새 일을 준비하신다. 실패감에 좌절한 우리에 어깨를 두드리시며 '야 언제까지 이렇게만 있을거야. 내가 다 준비했어. 빨리 일어나. 나랑 같이 가자.'라며 우리를 향해 말씀하신다. 우리가 다시 시작할 수 있도록 제촉하는 하나님의 말씀은 마치 등뒤에 선물을 숨기고 울고 있는 아이에게 따뜻하게 말씀해주시는 아버지의 모습과 같다. 두 손에 아무것도 없어 울고 있는 아이를 한없는 사랑으로 품어 안아주시며 새로운 선물, 새 일을 아이 손에 쥐어주시는 아버지의 사랑과 같다.

하나님은 우리의 한 숨 안에 갇혀계신 분이 아니다. 하나님은 우리의 절망의 끝에 마침표를 찍는 분도 아니다. 명백한 나의 잘못과 실수에 하나님은 '네 책임이야 그러게 왜 그랬어'라며 우리를 책망하시지 않는다. 그분은 절망의 끝에 위축된 우리를 찾아오셔서 '일어나 빨리 나랑 같이 가자'며 지나간 과거를 이기게 하시고 다가올 내일을 기대하게 하시며 그 모든 여정에 우리와 함께 동행하신다. 그리고 우리는 사울 이후 다윗 그리고 솔로몬까지 그리고 수많은 역사를 지나 우리가 예수 그리스도 그분의 발 앞에 엎드려 영원한 축복을 누릴 때 까지 오늘도 낙심 가운데 있는 우리를 향해 제촉하신다. '야, 빨리 일어나. 언제까지 슬퍼만 하고 있을거야. 내가 새 일을 준비했어. 나랑 같이 가자.'

같이 가면 안되겠니

사울의 모든 실패는 결국 하나님과 온전한 동행을 하지 못한 결과이다. 사울 인생에 일어난 모든 당황스러움으로 인한 결과는 사울이 하나님께 묻지 않은 결과이다. 사울이 하나님의 뜻이 아닌 사람들과 세상의 요구에 귀 기울이며 살았던 것은 사울이 하나님이 아닌 사람들을 두려워했기 때문이며 사울이 극심한 고통 가운데 건짐받지 못한 이유 또한 자신 삶에 있는 어려움을 스스로 극복하기 위해 스스로 빠져나올 수 없는 늪에서 허우적대며 살았기 때문이다. 그런 사울은 늘 하나님의 후회, 한 숨의 대상이 되었다. 사울은 하나님께 가장 놀라운 축복을 받았지만 그 축복을 허락하신 하나님의 사람으로 살지 않았고 자기 자신을 위해서 그리고 세상 사람들의 만족을 채우기 위해서 삶을 낭비했다. 도대체 사울은 왜 이토록 한결같이 하나님의 이끄심 정반대의 자리에서 살아갔는가? 왜 어려움이 올 때 사울은 은혜를 구하는 것이 아니라 머리를 쓰며 살아날 궁리만을 했는가 살아날 능력도 힘도 없으면서 말이다.

결국 사울의 삶을 추락하게 만든 원인은 두려움이다. 왕이 되었기에 왕의 책임과 역할을 잘 수행해야 한다는 두려움, 자신이 왕의 소명을 잘 감당하지 못하면 하나님과 사람들로부터 버려질 것이라는 두려움이다. 어려움이 올 때 왜 도움을 구하지 못했나? 스스로 이 어려움을 해결하지 못한다면 하나님과 사람들로부터 책망을 받게 될 것이라는 두려움이다. 그로 인해 사울은 늘 치열하게 경쟁하며 살았다. 다음 2권에서 살펴보겠지만 왜 사울이 다윗을 그토록 시기하고 질투하며 나라의 모든 전력을 동원하여 다윗 하나를 붙잡으려 했는가? 그 출발은 다윗을 향한 시기심이요 그 원인은 결국 다윗을 향한 다윗을 좋아하는 백성들을 향한 두려움이다.

사울은 평생 두려움에 사로잡혀 살았다. 두려움에 짓눌려 살았다. 그리고 그 두려움은 사울과 하나님과의 관계를 끊어놓았고 사울과 백성들과의 관계도 뒤틀리게 만들었다. 믿음이란 무엇인가? 두려움을 내버려두는 것이다. 우리가 알다시피 다윗은 사울과 비교할 수 없을만큼 하나님앞에 무거운 죄를 지었다. 그 죄의 댓가는 다윗의 생명

뿐만 아니라 이스라엘 전체를 몰살시켜도 할 말이 없는 치명적인 죄였다. 그러나 다윗은 그 죄를 내버려뒀다. 자신 스스로 그 죄를 이길수도 제거할 수도 없다는 것을 다윗은 알았기 때문이다. 죄를 내버려둔 다윗이 한 일은 무엇인가? 하나님의 은혜를 붙드는 일이다. 주의 은혜를 내게서 거두지 마옵소서라고 고백하며 하나님의 은혜에 매달리는 일이다. 하나님께서는 다윗을 마음에 딱 드는 존재라고 말씀하셨다. 사울과 비교되는 장면 아닌가? 왜 하나님은 사울을 향해서는 후회하신다고 하고 다윗을 향해서는 마음에 딱든다고 말씀하셨나?

　　　사울과 다윗의 차이는 무엇인가? 없다. 사울과 다윗 모두 똑같은 존재이다. 단 차이점이라고 한다면 사울은 두려움의 문제를 스스로 해결하려했고 다윗은 두려움의 문제를 하나님께 해결해달라 은혜를 구한 것 뿐이다. 작은 차이로 보이지만 그 결과는 하늘과 땅처럼 다른 결과로 성경은 기록한다. 아마도 하나님께서 사무엘에게 하신 말씀은 사울이 왕으로 세워지고 난 뒤 끊임없이 하나님께서 사울에게 하신 말씀일 것이다. 하나님께서는 사울이 문제를 만나 어려움에 있을 때마다 '사울아 언제까지 그 문제에만 매여 있을래, 내가 새 일을 준비했어. 나를 따라오너라.' 두려움 앞에 위축된 사울을 향해서 '사울아 왜 두려워하니. 네가 두려워할 존재는 그들이 아니란다. 내가 너를 위해 새 일을 준비했단다. 나와 함께 가자.' 하나님께서는 사울을 향해 날마다 모든 순간을 통해 '두려워 말아라. 나와 함께 가자'라고 말씀하셨다.

오늘 우리에게도 하나님은 동일하게 말씀하신다. 문제와 어려움 가운데 좌절되어 이제는 포기하려는 우리의 상한 심령을 향해 하나님은 우리가 기대하지 않은 새로운 일, 우리에게 가장 필요하고 적절한 하나님의 일을 준비하셨다고 말씀하시며 안심하고 함께 걸어가자 말씀하신다. 우리 삶에 찾아오는 날마다 당황스러운 일을 피할 수 없지만 사람들의 시선과 말에 깊은 상처와 좌절을 겪는 것도 우리의 현실이지만 만일 그 모든 삶의 고비마다 하나님께서 이렇게 말씀하시고 새 일을 행하신다면 우리의 삶은 꽤 괜찮고 멋진 삶이 아닌가?

우리 삶에 문제가 있는 것은 문제가 아니다. 전능하신 창조주 하나님께 문제는 곧 문제가 아니기 때문이다. 우리 삶에 가장 큰 문제는 하나님의 부재로부터 나타난다. 하나님께서 우리 삶을 내버리시고 사무엘과 같이 선을 긋고 방치하시면 죄로 타락한 우리 삶에 소망은 없다. 그러나 하나님은 단 한순간도 우리를 방치하시거나 선을 긋지 않으신다. 죄로 타락한 우리가 선을 긋고 하나님의 도우심을 구하지 않고 그로 인해 고통과 어려움을 당한다 하더라도 하나님은 우리를 향해 원망하지 않으신다.

오히려 우리가 그어놓은 선을 뚫고 우리의 삶 깊숙히 찾아 오셔서 우리의 눈물을 닦아주시고 차분하고 단호한 말씀으로 일어나 함께 가자고 말씀하신다. 우리는 세상 그 어떤 존재라도 이와 같은 대접을 받을 수 없다. 사람은 결국 포기하고 세상은 선을 긋고 평가할 뿐이지만 하나님은 우리 인생 한 가운데 뛰어 들어오셔서 두려움 가운데 주저하는 우리의 인생을 소망의 삶으로 함께 걸어가시기 때문이다.

사울의 이야기는 다윗의 등장과 겹쳐진다. 사람들이 택한 사울의 마지막 그리고 하나님이 택하신 다윗의 삶을 통해 우리는 더 명확히 알게 된다. 두려움 안에서 살아간 사울과 두려움 밖에서 살아간 다윗의 삶이 어떠한 결과로 나타났는지 우리는 성경을 통해 날마다 배우고 있다. 사울의 삶을 짧게 살펴본 이 글을 통해서도 글을 기록하는 나에게 그리고 읽는 모두들에게 하나님은 동일한 질문을 하고 있다고 믿는다. 우리가 무엇을 두려워하는지, 우리가 무엇을 위해 사는지 그리고 우리가 무엇을 향해 사는지 질문하고 계신다.

지금 우리의 현실이 냉정하고 차가워 고난의 터널을 지나가고 있어도 상관없다. 삶의 어려움으로 인해 모든 것을 포기하고 주저앉아 있어도 사실 아무런 문제가 되지 않는다. 하나님께서 우리 각자의 삶에 깊숙히 개입하셔서 지나간 일은 지나간대로 내버려두게 하시고 답이 없는 현실속에서 우리로 하여금 계산되지 않은 말씀을 한결같이 하시기 때문이다. '두려워말아라. 나와 함께 가자. 내가 너를 위해 새 일을 준비했단다.'

하나님은 사랑이시라

사울은 이 노랫소리를 듣고 몹시 불쾌해 화가 치밀었습니다.
속으로 "다윗에게는 수만 명이라더니 내게는 고작
수천 명뿐이라는구나. 그가 더 가질 것이 이제 이 나라밖에
더 있겠는가?" 하며 그때부터 다윗을 시기하고
질투하기 시작했습니다.

사무엘상 18장 8절-9절 (우리말성경)

사울은 고슴도치 같은 사람이다. 사랑하기 위해 끌어안으면 끌어안을수록 사울 내면에 있는 두려움의 가시가 자기 자신 그리고 상대방을 고통스럽게 찔러 결국 사랑하지 못하게 사랑받지 못하게 만들기 때문이다.

사울의 실패 이후 다윗이 등장한다. 그리고 이스라엘 백성들의 환호가 다윗에게 향하는 것을 보고 사울은 두려움에 다윗을 시기하고 질투한다. 중요한 것은 사울이 단지 이스라엘의 환호로 인해 질투한 것이 아닌 사울의 시기와 질투의 원인이 하나님을 향하고 있다는 것이다. 이스라엘의 왕은 어떻게 세워지는가? 하나님의 선택을 따라 제사장의 기름부음으로 세워진다. 그런데 사울의 마음 가운데 있는 생각을 읽어보자. 사울은 사람들의 환호에 따라 이스라엘의 왕이 결정된다

고 믿었던 것이다. 사울에게 이스라엘의 왕이 세워지는 과정에 하나님은 없다. 단지 사람들의 환호만 있을 뿐이다. 우리는 앞서 사울이 왕이 된 이후에도 왜 지독하리만큼 하나님을 신뢰하지 않고 사람들의 눈치를 살피며 두려움 가운데 살았는지 살펴봤다. 그 이유를 사무엘상 18장 말씀을 통해서도 알게 된다.

사울에게 이스라엘 왕은 곧 이스라엘 백성들이 선택에 따라 세우는 세상적인 왕이지 하나님의 뜻과 권리를 위임받아 하나님의 거룩한 백성으로 살아가는 소명의 자리는 아니었다는 것이다. 그 이후 사울이 한 일을 보라. 얼마나 치졸한 일인가? 사울은 다윗이 사람들의 환호를 받은 이후 오직 다윗만을 주목하기 시작했다. 사무엘상 18장 9절 말씀에 기록된 주목했다는 말씀의 의미는 다윗이 무슨 행동을 하든지 상관없이 모든 다윗의 행동을 차기 이스라엘의 왕권을 빼앗기 위한 술수로 사울은 받아들였다는 의미이다. 사울이 얼마나 괴로웠겠는가? 다윗의 말, 표정, 사람들의 반응 모두를 사울은 자신을 향한 반역의 조짐으로 받아들였다.

결국 이 모든 불행의 시작은 하나님을 향한 사울의 오해로부터 시작되었다. 하나님께서 자신의 삶을 인도하시지 않는다는 오해, 자신이 주어진 왕의 일을 성공적으로 해야 하나님께서 인정하시고 축복하실 것이라는 오해, 하나님은 언제든지 자신을 버리시고 벌하실 것이라는 오해로부터 시작되었다. 사단이 우리 삶에 하는 일이 바로 이것,

하나님을 오해하게 만드는 일이다. 우리 삶 가운데 일어난 불행을 하나님을 향한 오해로, 원하고 바라는 것들의 실패의 원인을 하나님을 향한 오해로 속이는 일이다. '하나님이 나를 버리셨는가, 왜 내게 이런 일이 일어나는가?' 끊임없이 생각하고 번뇌하게 만들며 주어진 환경을 통해 하나님을 오해하게 만드는 일이다.

—

자기 아들을 아끼지 않으시고
우리 모두를 위해 내어 주신 분께서 어떻게 아들과 함께
모든 것을 우리에게 은혜로 주지 않으시겠습니까?
로마서 8장 32절 (우리말성경)

하나님은 우리를 사랑하신다. 로마서 8장 32절 말씀 그대로 하나님은 자신의 아들을 내어줘서라도 우리를 포기하지 않으셨다. 죄로 타락한 우리의 본성은 자연스럽게 '어떻게 나를 위해 아들을 내어줄 수 있겠는가?'라는 마음으로 우리의 생각을 이끌어 간다. 왜냐하면 죄로 타락한 우리가 결정할 사랑의 정점(頂點)이 하나님께서 정하신 사랑의 정점과 결코 같지 않기 때문이다.

나는 아이들에게 이 복음을 설명할 때 늘 수준을 이야기한다. '너와 내가 판단할 수준의 복음, 하나님의 사랑이라면 그게 정말 과연 복음일까? 세상적인 관점과 판단으로 예상될 일이라면 그게 어떻게 사

랑일 수 있겠니? 사랑은 늘 상식을 벗어난 일, 가늠할 수 없는 영역에서 이뤄진단다.' 나는 하나님을 믿지만 옆집 아저씨를 위해 내 심장을 내어줄 마음은 부끄럽지만 없다. 그러나 내 아이를 위해서 심장을 내어주는 일이 뭐가 대수겠는가? 내어줄 심장이 있다는 것이 감사할 뿐 아이의 아픔과 고통 앞에 자신의 안위를 걱정하는 부모는 없다. 누가 '일단 제 심장 지키고 아들 살려주세요'라고 하겠는가? 생명을 내어 또 다른 생명을 살리는 일은 매우 비합리적인 일이다. 그러나 아비가 자식을 위해 생명을 내어 주는 일은 매우 합리적인 일이다. 반대로 자식이 아비를 위해 죽는 일은 아비의 입장으로는 결코 용납될 수 있는 일이 아니다. 자식을 죽이고 본인이 살겠다는 아비는 온전한 아비가 아니기 때문이다.

만일 사울이 하나님을 오해하지 않았다면 다윗이 등장했을 때 사울이 다윗을 하나님이 세우신 다음 왕이라는 것을 알고 그를 환대하고 사랑했다면 성경은 사울의 삶을 어떻게 기록할까? 다윗을 불러 자신이 왜 두려워했는지 그 두려움의 결과가 어떠했는지 고백하고 하나님이 다음으로 세우실 다윗 너는 나와 같은 실수를 하지 말라고 권면하며 날마다 다윗을 위해 사울이 기도했다면 성경은 사울을 어떻게 우리에게 소개할까?

사람들이 사울에게 다윗에게 왕의 자리를 빼앗긴 불행한 인생이라 손가락질해도 하나님이 내게 주신 귀한 은혜들을 날마다 곱씹

으며 다윗이 하나님의 말씀을 따라 왕으로 준비되도록 길이 되어줬더라면 우리는 아마도 180도 다른 사울의 삶을 듣고 보게 되었을 것이다. 그러나 사울은 그렇게 하지 못했다. 하나님을 의심하며 날카로운 가시돋은 고슴도치처럼 자기 자신도 이스라엘 백성들 그리고 다윗을 향해 찔러대며 살아가다 안타까운 모습으로 삶을 마감했다.

———

여호와의 말이다. 내가 너희를 위해 갖고 있는 계획들을
내가 알고 있으니 그것은 평안을 위한 계획이지
재앙을 위한 것이 아니며 너희에게 미래와 소망을 주기 위한 것이다.

예레미야 29:11 (우리말성경)

사랑하는 청소년, 청년들에게

하나님을 오해하지 말라. 때론 원하는 일이 이뤄지지 않고 자신의 책임이 아닌 삶의 무게로 힘겨워 한다 하더라도 하나님을 향해 오해하지 말라. 하나님의 성품은 한결같이 네 삶을 붙드시고 인도하시며 늘 함께 하자 말씀하시는 하나님이심을 잊지 말라. 감당할 수 없는 어려움속에서도 하나님의 본심은 너희를 죽이기 위함이 아닌 살리기 위함임을 기억하고 주어진 자리에서 날마다 주님과 동행하며 말씀으로 살아내라. 말씀으로 버텨내라.

예레미야 말씀을 기억하라. 우리를 향한 하나님의 뜻을 우리는 알 수 없다. 세상은 알아야 믿고 알아야 순종한다고 하지만 믿음이란 알고 순종하는 것이 아니라 믿기에 순종하는 것이며 신뢰하기에 받아들이는 것이다. 비록 우리를 향한 하나님의 뜻을 우리가 알지 못해도 감사와 순종 그리고 평안으로 살아갈 수 있는 이유가 바로 이것이다. 우리가 하나님을 신뢰하기 때문이며 성령은 오늘도 그 확신을 우리 모두에게 허락해주고 계시기 때문이다. 우리가 우리를 향한 하나님의 뜻을 알지 못해도 안전한 이유는 우리 삶을 향한 하나님의 뜻을 하나님은 기억하시기 때문이다. 하나님은 잊지 않으신다. 하나님은 우리의 기도 그 한 구절을 기억하신다.

하나님은 작은 우리의 순종을 잊지 않으신다. 하나님은 우리의 눈물 한 방울도 지우지 않으신다. 우리를 향한 모든 하나님의 뜻을 하나도 버리지 않으시고 우리를 향해 오늘도 신실하게 하나님의 뜻을 이뤄가신다. 그러니 네가 좀 잊어도 평안해라. 그러니 네가 놓쳐도 안심해라. 잊으면 기억나게 하실 것이고 놓치면 새로운 일을 준비하셔서 결국에 세상이 속이는 두려움에 사로잡혀 살지 않고 세상이 줄 수 없는 온전한 평안 가운데 네 삶을 인도하실 것이다.

사울의 삶을 묵상하면 할 수록 슬프다. 서글프다. 그는 왕의 자리에서 가장 비참한 삶을 살았다. 수많은 것을 누리면서도 하나님을 오해하고 사람들을 찌르는 고슴도치가 되었다. 비록 그가 이 모든 실수의 원인을 두려움이라고 말해도 변명할 수 없는 것은 하나님은 사울의 시작 그리고 과정과 끝에 늘 함께 하시며 한결같이 '함께 하자'라고 말씀 하셨기 때문이다. 말씀을 은혜로 받자. 그러나 이야기로 끝내지는 말자. 사울의 삶이 우리의 삶이고 우리를 향해 하나님은 똑같이 말씀 하시며 사울의 실수와 실패를 통해 우리 삶을 점검하라 명령하시기 때문이다.

하나님께서 늘 우리에게 말씀하시는 명령은 단순하다. '제발 좀 같이 가자.'

에필로그

늘 아쉬운 마음

청소년, 청년 사역의 회의감이 들 때는 하나님의 말씀으로 성령 충만했던 아이들이 세상을 살아가며 밀려드는 당황스러움에 뜨거운 소명, 간절한 하나님의 사랑을 잊고 살아가는 것을 볼 때 이다. 내가 은혜를 못받고 상심하는 것은 둘째치고 기도하고 기대하며 씨를 뿌린 아이들의 삶이 예수님의 말씀을 떠나 사는 것을 볼 때 사역자로 늘 당황스럽고 가슴 아픈 일이다.

한번은 그런 어려움을 겪는 친구와 이런 저런 얘기를 나눈적이 있는데 하나님의 말씀을 열심을 다해 나누었지만 그럼에도 불구하고 내 안에 공허함이 진하게 자리잡는 이유는 아이들이 살아갈 현실은 결코 말씀의 가르침과 많은 괴리감이 있다는 것을 알기 때문이다. 현실과 말씀이 괴리감이 있는 것은 자연스러운 일이다. 죄로 타락한 인간의 세상, 우리의 삶에 어떻게 존귀하신 하나님의 말씀이 실현될 수 있는가? 왼뺨을 맞으면 양뺨을 돌려치는 세상이고 적절한 타협을 통해 자기의 유익을 챙기는 것이 지혜이며 주일에는 그리스도인으로 주중에는 세상 사람으로 살아가면서도 우리는 전혀 양심에 가책을 느끼지 못하고 있기 때문에 사역자로서 가장 당황스럽고 피하고 싶은 마음의 시험은 말씀과 현실의 괴리로부터 오는 당황스러움이다.

내게 사울은 그 당황스러움에 가장 정점에 있는 인물이다. 하나님의 은혜로 부르심을 받아 사무엘이라는 위대한 제사장을 통해 기름부음을 받고 놀라운 전쟁의 승리를 통해서 화려하게 역사의 무대에 등장한 사울이었는데 그의 모든 발걸음은 신망을 넘어 놀라움을 선사했다. '사울은 도대체 왜 그랬을까?' 그러나 나를 당황스럽게 하는 사울 뒤에 신실하신 하나님을 볼 수 있고 사울의 실패와 상관없이 하나님의 일은 멈추지 않고 성취되는 것을 보며 위안으로 삼고 이 말씀을 내 삶에 적용해본다.

사울은 도대체 왜 그랬을까에 대한 이유를 나는 두려움으로 이해했다. 사울은 무엇을 그토록 두려워했을까? 결국 자신의 손 안에 있는 것을 빼앗기지 않으려는 두려움, 사람과 세상으로부터 상처받는 것에 대한 두려움, 하나님을 향해 용서를 구해도 용서받지 못할 것이라는 두려움, 결국 사울의 모든 삶의 문제는 두려움으로 시작해서 두려움으로 끝맺었다.

다음 세대 사역을 하는 모든 분들은 공감할 것이라 생각한다. 다음 세대를 무너뜨리는 사단의 강력한 전략은 두려움이다. 2023년 고등학생들의 마약 복용 수치가 급격하게 상승했다. 학교와 교회 생활을 멀쩡히 하는 아이들이 속으로는 곪아 마약을 통해 잠시나마 자신을 둘러싼 문제로부터 탈출하기 위한 일탈이 우리 아이들의 일상이 되고 있는 것이다. 내가 어릴 땐 그것이 술, 담배, 게임이었지만 이제 우리 아이들에게 그 일탈의 도구는 마약이 되어버렸고 두려움으로 그 범죄에 발을 내딛는 순간 교회와 학교가 아무리 발버둥을 쳐도 한국 교회, 우리 사회는 철저하게 무너지고 붕괴될 것이다.

두려움의 문제를 인간 스스로 해결할 수 있다면 우리 삶에 일어나는 대부분의 일들은 우리 인생에 전혀 걸림돌이 되지 않을 것이다. 넘어지면 일어서면 되고 상처받으면 약바르고 새 살이 날 것을 알기에 그저 묵묵히 주어진 일상을 살아가면 되는 일이다. 그러나 문제는 두려움을 이겨낼 방법이 우리에겐 없다는 것이다.

유튜브 알고리즘을 통해 〈동기부여〉영상을 본 적이 있다. 몇 분동안 그럴싸한 멘트들로 사람들이 열정을 다해 공부할 수 있도록, 어려움을 극복할 수 있도록 감동적인 음악과 함께 우리를 자극하는 영상이었다. 과연 몇분의 동영상, 손발을 오그라들게 하는 멘트들이 우리 삶을 짓누르는 두려움을 씻어낼 수 있을까? 성공을 한 어떤 사람들의 삶이 과연 우리 삶에 두려움을 씻어내고 도전할 수 있는 힘을 줄 수 있을까? 미련한 착각이다. 현실은 우리의 착각속에 있지 않다. 사울의 삶은 우리를 향한 하나님의 사인이다. 사울의 고집스런 실패의 이야기는 우리 삶을 향한 하나님의 등불이다. 하나님이 함께 하시는 인생이었지만 죽는날 까지 외롭게 살아간 사울의 삶이 우리의 삶이 되지 않기를 소망한다. 도대체 사울은 왜 그랬을까?

2023년 청소년들과 사무엘서를 나누면서 내가 주목한 인물은 세명이다. 두려움으로 인해 파멸의 길로 걸어간 사울, 믿음으로 파멸에서 축복의 자리로 온 다윗 그리고 이도저도 아닌 애매한 인생 솔로몬이다. 1편 사울을 시작으로 2편 다윗, 3편 솔로몬을 통해 나는 그들이 왜 실패한 인생, 버림받은 왕이 되었는지를 나누고 싶다. 나는 그들의 실수에 주목하고 그들의 악함에 집중하여 그들의 성공 뒤에 가려진 하나님의 일하심, 그들의 성공 뒤에 따라온 실패의 원인을 통해 나 자신의 실수를 줄여가는 지혜로운 삶을 살아가길 소망한다. 나는 재미있는데 읽는 사람들은 어떨지 모르겠다. 이렇게 무식하지만 무언가 기록하길 원하는 마음으로 한 문장씩 기록해나가는 나를 하나님께서 불쌍히 여기심으로 하나님께서 주시는 메시지, 뜻을 읽는 우리 모두가 깨닫게 되기를 소망한다.

2024년 1월
오늘도 어제 일을 후회하며 나는 왜 그랬을까를 되뇌이는
유찬호 목사

Thanks to

하나님께 감사드리고,

사랑하는 **아내** 그리고 **아들**

그리고 늘 그리운 흔적들(Stigma)

오늘도 밝게 빛나는 등대에서 아이들 그리고 동역자님

유튜브 성경공방을 통해 늘 응원해주시는 구독자님들

조선선교역사연구소 블로그 이웃님들

그리고 햇살처럼 빛나는 은O & 주O

모두 늘 감사드립니다

유찬호 목사

조선선교역사를 통해 청소년, 청년들을

선교적인 삶으로 초청하는 선교 동원가 (Mission Mobilizer)

- 햇불트리니티신학대학교 졸

- 한국 독립교회 및 선교단체 (카이캄) 목사 안수

- 현 등대글로벌스쿨 교목

- 현 조선선교역사연구소장

- 현 유튜브 성경공방 1인 크리에이터

- 저서 : 채움물리학, 인생질문, 엄마수업 등 외 다수

- 문의 : biblestorys@naver.com

사울은 왜 그랬을까

내 맘대로 되는 일이 하나도 없는 세상속에서

하나님의 부르심을 따라 살아가고 싶은 청춘들의 **인생질문**

지은이 _ 유찬호

초판 펴낸날 _ 2024년 1월 19일

펴낸곳 _ 도서출판 동행

인쇄소 _ 태산인디고

등록번호 _ 제406-2019-000111호

주소 _ 경기도 파주시 교하로 70 313-702

도서출판동행 _ http://smartstore.naver.com/wewithyou

ISBN _ 979-11-986257-0-0

책값은 뒷표지에 있습니다. 이 책의 내용을 허락 없이 옮겨 사용할 수 없습니다. 이 도서의 국립중앙도서관 출판예정도서목록(CIP)은 서지정보유통지원시스템 홈페이지(http://seoji.nl.go.kr)와 국가자료종합목록 구축시스템(http://kolis-net.nl.go.kr)에서 이용하실 수 있습니다. (CIP제어번호 : CIP2019043741)

도서출판 동행은 1인 출판사로 일상의 언어로 보석을 찾아가는 여정의 동반자입니다.